AF461950

ORGUE ET PIOUTIM

METZ. IMP. J. MAYER.

ORGUE ET PIOUTIM

APPEL

AU SIMPLE BON SENS SUR CES DEUX QUESTIONS :

L'orgue est-il anti-religieux ?
La prose rimée du moyen-âge a-t-elle un caractère de stabilité dans la Synagogue française ?

OUVRAGE PROPRE A FAIRE CONNAITRE LE MOUVEMENT LITTÉRAIRE
DE L'HÉBREU POST-BIBLIQUE

PAR

GERSON-LÉVY

Membre de l'Académie Impériale de Metz, de celle de Stanislas de Nancy, de la Société asiatique de Paris, etc.

NOUVELLE ÉDITION CORRIGÉE ET AUGMENTÉE

בינו שנות דר ודר
Ayez l'intelligence des annales,
génération par génération.
DEUTÉRONOME XXXII, 7.

PARIS
AUX BUREAUX DES ARCHIVES ISRAÉLITES
16, Rue des Quatre-Fils.

METZ
LIBRAIRIE DE M. ALCAN
Au Palais-Français.

1859

A MONSIEUR ALBERT COHN

Docteur en philosophie,
Membre de la Société asiatique de Paris,
Président du Comité consistorial de bienfaisance
et du Comité allemand d'assistance,
Fondateur de la Caisse de prêt gratuit,
etc. etc.

MONSIEUR,

Jusqu'ici je n'ai plaidé la cause de la régénération morale et du progrès intellectuel de nos coreligionnaires que dans quelques pâles bluettes, dans quelques feuilles éphémères dont les productions ne vivent pas même *ce que vivent les roses*. C'étaient des semences éparses, répandues, sans choix de saison, sur des terrains tels que le hasard me les avait présentés. Privés d'une suffisante vigueur, ces grains n'ont malheureusement pu produire ni fleurs ni fruits.

En encourageant la présente publication, vous me fournissez, Monsieur, le moyen de réunir sur un seul champ un ensemencement qui, j'ose l'espérer, ne sera du moins plus le jouet des vents. Le lierre qui s'attache au chêne brave l'effort de la tempête.

Pour parler sans métaphore, je considère comme d'un grand poids en faveur de mon plaidoyer, le suffrage d'un juge aussi compétent que vous l'êtes, Monsieur, et par la variété de vos connaissances en général, et par la culture des saintes lettres en particulier.

A vous, Monsieur, la reconnaissance de tout cœur israélite, de tous ceux qui savent apprécier votre apostolat civilisateur.

La main à l'œuvre, vous vous faites homme d'action ; Apôtre du bien et de la vérité, vous portez le drapeau de la civilisation au sein des grandes communautés d'Orient, où, à force de bienfaits, de patience et de dévouement, vous surmontez tous les obstacles de l'ignorance populaire. A Jérusalem, comme à Constantinople, vous rachetez par vos largesses le mérite de vos œuvres de piété et de régénération, comme un malheureux payerait le prix de sa rançon.

En Europe vos libéralités soutiennent les plumes timides et redoublent le courage des auteurs hardis.

Outre la charité telle que vous la faites et que vous la savez diriger, vous payez partout de votre personne; Vous prodiguez avec le zèle le plus ardent tous les soins que réclament la direction et l'administration de tant d'établissements destinés au soulagement de l'humanité souffrante.

Votre sollicitude, Monsieur, s'étend de près et de loin à tout ce qui peut hâter le développement de l'instruction. En sacrifiant un temps précieux à l'exposé du système philosophico-religieux de Maïmonide, dans les séances de la Société de *Talmud Torah*, vous transplantez sur le sol de votre patrie adoptive, les germes des fortes études qui, depuis Mendelssohn, font la gloire de l'école allemande.

Pénétré d'admiration pour les grandes et saintes choses que vous avez faites, ou qui se sont accomplies sous vos inspirations par la noble et patriarcale famille dont vous êtes le digne intermédiaire, j'ose me permettre, Monsieur, de placer votre nom à la tête de mon ouvrage, dont vous avez, le premier, si généreusement soutenu et encouragé la réapparition. Daignez, Monsieur, en agréer l'hommage comme une faible marque de ma reconnaissance pour l'ami du bien, le protecteur des lettres sacrées, le propagateur des saines doctrines, le fondateur de tant d'œuvres, monuments d'une philanthropie universelle.

Recevez l'expression du profond respect avec lequel je suis,

Monsieur,

Votre très-humble et très obéissant serviteur,

GERSON-LÉVY.

SOUSCRIPTEURS

1re LISTE

PARIS et Circonscription.

Le Consistoire Central, souscription individuelle de chacun de ses dix membres. Nombre d'exemplaires indéterminé.

	Le Consistoire de la Circonscription.	50 exemp.
MM.	Albert Cohn.	100
	Albert Etienne, négociant.	1
	Bernard Cahen.	1
	Isidor, grand-rabbin.	1
	Lévy, professeur de mathématiques. .	1
	Alexandre Weil, homme de lettres. .	2
	Goudchaux Weil..	1
	Oury Cahen, négociant à Lille. . . .	5
	Vidal, professeur de Littérature ancienne à la Faculté des lettres de Douai	1

Circonscription de Metz.

	Le Consistoire..	12
	La Commission administrative de la Synagogue, composée de :	
MM.	J. Anspach, président..	9
	Cahen Marx Michel, vice-président..	
	Beer (Jacob)..	
	Dennery (Salomon)..	
	Francfort (Moïse)	
	Gouguenheim (Jacques).	
	Lajeunesse (Joseph)	
	May (Mayer).	
	Mayer (Samuel Jacob)..	
	J. Bing, commandant d'artillerie en retraite.	1

MM. Abraham Cahen, candidat au rabbinat. 1
S. Emerique, membre de la commission de l'école rabbinique. 1
Néhémie Fould, rentier. 1
Hypolite Lévy, négociant. 1
Philippe Mayer, directeur de la Société israélite des Arts et métiers, . . . 5
Le docteur Philippe, chirurgien-major en retraite, ancien membre du Consistoire de Colmar. 1
O. Terquem, ancien pharmacien, président du Comité consistorial de bienfaisance 1
Mmes Ve Dreyfus, née Dupont, présidente du Comité de bienfaisance de l'école des filles et de l'asile. 1
Cerf Jacob Goudchaux, née Worms, veuve du 1er et plus ancien président du Consistoire 2
Ve S. May, née Feistel Lévy. 1
Adolphe Worms, née Brisac, veuve de feu le président du Consistoire de Metz 1
MM. Bernard, avoué à Sarreguemines. . . 5
Gerson, instituteur breveté à Boulay. 1

Circonscription de NANCY.

MM. Lévy-Bing, banquier. 1
Joseph Levylier, président du Consistre 1
Heymann Kahn, membre de l'administration du temple. 1
S. Lévy, rabbin de Lunéville. . . . 2
Alcan Marx, commissaire du temple, id. 1
Trenel Adolphe, membre du Consistre, id. 1

STRASBOURG.

Le Consistoire.. 2
MM. Achille Ratisbonne, président du Consistoire 4

MM. Louis Bloch, membre du Consistoire . . 2
Masse (David), id. . . 1
Schwartz (Jacques), id. . . 1
Ed. Aron, licencié en droit. 1
Le docteur Hirtz, professeur agrégé à la Faculté de médecine. 1
A. B. Lewis, président de la Société de Thalmud Thorah. 1
Lévy (Robert), architecte. 1
Meyer (Baruch), président des Kabronim. 1
Weyl (Jonas), candidat au rabbinat. . 1

NOTA. L'ouvrage n'a été tiré qu'à cinq cents exemplaires. Les souscriptions ultérieures seront enregistrées dans les *Archives israélites*, ainsi que le nombre d'exemplaires de la souscription individuelle de MM. les membres du Consistoire central.

AVERTISSEMENT DE L'ÉDITEUR.

M. Gerson-Lévy a successivement publié, dans vingt-et-un numéros des *Archives israélites,* le fruit de ses études littéraires et liturgiques sur deux des décisions de la conférence rabbinique tenue à Paris, en mai 1856. Dans ses recherches, l'auteur n'a fait que réunir en faisceau des vérités répétées depuis plus de huit siècles, et qui sont à découvert aux yeux de tout le monde. Mais מי עור כי אם עבדי ? A l'apparition des interpellations irréfutables, des preuves de faits sans réplique possible du chapitre XVII, page 106, faute d'arguments, un journal à système exclusif s'est livré à des déclamations si violentes, à des personnalités si injurieuses, qu'il a surexcité la curiosité du public non abonné aux *Archives,* et que de toutes parts on était désireux de connaître les pièces du procès.

C'est pour satisfaire à cet empressement, autant que pour répondre au vœu exprimé par l'illustre M. Munk dans les *Archives* de décembre 1858, que nous nous sommes décidé à publier, en un seul volume, cette série d'articles disséminés dans notre publication mensuelle.

Pour échapper à toute suspicion de lucre, nous nous engageons à consacrer tout le bénéfice résultant de cette entreprise aux diverses sociétés ou écoles israélites qui ont pour but l'encouragement du travail manuel. La répartition en sera faite au prorata des souscriptions que nous recueillerons dans chaque ressort consistorial, d'après la liste nominative qui figure dans l'ordre des circonscriptions, en tête du volume, et dont le supplément paraîtra dans les *Archives.*

Déjà l'honorable M. Albert Cohn, ce Mécène des Israélites de tous les pays, sans connaître la destination du bénéfice de notre entreprise, a pris l'initiative, en souscrivant pour une somme de 200 fr. Puisse ce noble exemple trouver des imitateurs !

Au moment de mettre sous presse, nous recevons du Consistoire central une lettre très-sympathique pour l'auteur. « Regrettant, « dit le Consistoire, de n'avoir pas de fonds applicables à des « souscriptions de cette nature, et voulant néanmoins donner « au vénérable auteur un témoignage de la haute estime qu'il « professe pour sa science et pour l'esprit qui règne dans ses

« travaux, a décidé que chacun de ses membres souscrira « individuellement pour un ou plusieurs exemplaires de cette « publication. »

Le Consistoire de la Seine, s'associant à ces sentiments sympathiques, nous a fait l'honneur de nous adresser la lettre suivante :

Monsieur,

Par lettre en date du 10 décembre dernier, vous faites savoir au Consistoire que l'intéressant travail de M. Gerson-Lévy, sur l'*Orgue* et les *Pioutim*, qui a paru successivement dans les *Archives*, est sous presse et doit paraître prochainement. [1]

Le Consistoire apprécie, comme il le mérite, l'excellent ouvrage du savant Israélite de Metz, et nous ne pouvons que vous féliciter de contribuer à cette publication qui doit atteindre deux buts également honorables : instruction et charité. — Veuillez, Monsieur, inscrire le Consistoire pour cinquante exemplaires de cet ouvrage. — Nous regrettons d'être obligés de restreindre ainsi l'expression de notre sympathie.

Recevez, Monsieur, l'assurance de notre considération très-distinguée.

Pour les membres du Consistoire,

Le secrétaire,	Le président du Consistoire,
J. KAHN.	G. DE ROTHSCHILD.

Extrait du registre des délibérations de la commission administrative de la Synagogue de Metz. Séance du 25 janvier 1859. — Présidence de M. Anspach.

L'Administration de la Synagogue, désireuse de donner son adhésion à la publication intitulée : *Orgue et Pioutim,* regrette de n'avoir aucuns fonds à disposer en faveur d'un tel objet ; mais, pour donner à son auteur, M. Gerson-Lévy, une marque d'estime et de sympathie, elle décide qu'elle souscrira à cet ouvrage au nom particulier de chacun de ses membres.

Pour extrait :

Le Secrétaire,

ELIE LAMBERT.

Semblable marque d'adhésion a été donnée par le Consistoire de Metz qui a souscrit pour douze exemplaires.

La lettre suivante vient d'être adressée à l'auteur par le Consistoire de Strasbourg :

Strasbourg, le 4 juillet 1859.

MONSIEUR,

Nous avons lu avec beaucoup d'intérêt le prospectus de votre savante étude sur la liturgie synagogale (*Orgue et Pioutim*). Réunir en un seul volume la série d'articles qui ont paru, sur ces matières, dans les *Archives*, est une pensée heureuse à laquelle nous aimons à nous associer. Puisse cette intéressante publication porter ses fruits ! C'est pour encourager cette tendance et offrir à vos consciencieux et érudits efforts le juste tribut d'estime qui leur est dû, que le Consistoire, tout en regrettant de n'avoir pas de fonds à ce applicables, vous prie de l'inscrire pour deux exemplaires de cet ouvrage, et, individuellement ses membres, savoir : M. Ratisbonne, président, pour quatre exemplaires, M. Bloch pour deux, M. Masse pour un et M. Schwartz pour un.

Recevez, Monsieur, l'assurance de notre considération très-distinguée,

Les Membres du Consistoire,

A. RATISBONNE, président ; ARNAUD ARON, grand-rabbin ; MASSE ; LOUIS BLOCH.

Dans un sentiment de réserve que le lecteur saura apprécier, M. Gerson-Lévy ne nous a pas permis de publier les nombreuses félicitations et les honorables adhésions que lui a méritées son travail de la part des Rabbins les plus haut placés de France et d'Allemagne, et des savants les plus compétents qui illustrent le monde israélite. Si donc nous reproduisons les trois documents ci-après, c'est qu'ils ont déjà reçu la publicité, le premier de M Dreyfuss, rabbin de Mulhouse (*Archives Israélites, juin* 1858, *p.* 313 *et suiv.*); le second de M. S. Lévy, rabbin de Lunéville. (*Lien d'Israël, jnin* 1858, *p.* 30 *et suiv.*) ; le troisième enfin de notre illustre coreligionnaire, M. Munk, le savant à réputation plus qu'européenne et dont les profondes recherches servent de guides aux travaux des Rapoport, des Zunz, des Luzzato, des Jost, etc. (*Archives de décembre* 1858.)

Lettre de M. le rabbin S. Dreyfuss :

Mulhouse, le 3 mai 1858.

A Monsieur Gerson-Lévy, à Metz.

Monsieur et cher Maître,

Si je viens, pour un instant, vous interrompre dans vos savantes méditations et dans le cours de vos intéressants et utiles travaux, j'espère que vous me le pardonnerez, quand vous saurez que c'est sous la fraîche influence de la lecture de votre dernier article sur les *Pioutim*, que je me suis décidé à prendre la plume. Il n'y a qu'un instant que j'ai reçu les *Archives* du mois de mai, et la présente lettre peut vous prouver tout le cas que je fais de ce qui sort de votre plume, et surtout de votre dernier travail, dont M. Cahen a eu le bonheur d'enrichir son journal. Permettez que je vous dise, sans flatterie, que vous traitez cette matière en véritable maître ; vous y déployez autant de verve que de logique et d'érudition. Vous vous y montrez tout entier ; ici ce n'est pas seulement le style, mais encore la pensée qui est l'homme. Ce travail est un digne couronnement de votre belle et longue vie.

Le profond bon sens, la vaste érudition, les aperçus nouveaux sur le Kalir et les autres poètes sacrés du moyen-âge, ainsi que la chaleur vraiment israélite et patriotique que vous y déposez avec profusion, auraient dû, depuis longtemps, vous donner gain de cause contre des adversaires si peu dignes de vous. Hélas! la naïveté de nos modernes orthodoxes aura, pendant longtemps encore, plus d'ascendant en France que la logique la plus serrée, le bon sens le moins contesté de nos hommes les plus illustres. Voilà un demi-siècle que vous êtes constamment sur la brèche, tenant dans vos mains le flambeau de la véritable religion uni à celui de la bonne civilisation ; et, je vous le demande, êtes-vous sur le point de voir la forteresse de l'obscurantisme, je ne dis pas prise, mais seulement entamée ?

. . . .

. . . .

. . . .

. . . .

. . . . Ah, convenez, mon Maître, que vos *progressistes* que vous voyez partout en majorité, se montrent fort peu soucieux de profiter de leur position. Le fait est, qu'à l'exception d'une demi-douzaine d'Israélites français, de vieille roche, élevés en Allemagne, nous n'avons guère en France que des fanatiques ignorants et de coupables indifférents. Les hommes illustres dont vous parlez, ce n'est pas le judaïsme qui les a formés, aussi ne vivent-ils pas pour lui. La lumière ne peut pas jaillir du moment où la dernière étincelle de feu est éteinte. La vraie religion, comme elle a existé autrefois parmi nous, personne n'en veut, car elle est incompatible avec nos habitudes mercantiles et luxueuses. Que cela ne vous engage cependant pas de cesser vos travaux ; continuez à nous laisser goûter le parfum de vos écrits. Nestor vénéré de la littérature juive française, vos paroles ne sont pas moins des oracles, sinon pour la foule, du moins pour les hommes d'élite parmi nous. Un Kalir, un Ibn-Esra et un Wesly n'ambitionneraient et n'auraient pas d'autre succès que vous.

Lunéville, le 14 mai 1858.

» Monsieur le rédacteur du *Lien d'Israël*,

» Dans les *Archives* de ce mois, Monsieur Cahen s'étonne de ce que les rabbins français aient accordé si peu d'attention au remarquable travail de M. Gerson Lévy sur les *Pioutim*. Je suis désolé de ce soupçon et le serais bien plus, si son spirituel collaborateur le partageait. Je suis même à me demander, comment il a pu échapper à la plume ordinairement si prudente et si réservée du rédacteur des *Archives*. Une longue expérience doit cependant lui avoir appris que les meilleures raisons du monde ne prouvent rien pour ceux qui ne veulent pas entendre raison.

» Qu'attendait-il donc du rabbinat français ? Ceux de ses membres qui avaient voté contre la suppression des *Pioutim* se seraient bien gardés de féliciter Monsieur Gerson Lévy de ce qu'il a su réduire leurs arguments à zéro et faire descendre du faîte de leur grandeur et de leur sainteté la majorité des *Païtanim*. Pour les autres, il était tout naturel qu'ils applaudissent à chaque nouveau coup porté à l'idole qu'ils avaient résolu d'abattre, et qu'ils fussent tout aises de lire ces articles où une véritable science religieuse s'allie à un langage pur et élégant et à d'ingénieuses et spirituelles observations qui charment et instruisent à la fois. Ce sont de ces lectures agréables que l'on recommence à deux fois et à la fin desquelles on regarde avidement si l'on promet une suite au prochain numéro.

» Mais que Monsieur le rédacteur des *Archives* se rassure. Il va lui arriver d'un autre côté des félicitations pour son noble ami. Je suis convaincu que nos puritains savent mille grés à Monsieur G. L. de les avoir mis en demeure de produire leurs titres et leurs états de service. Nous allons être engloutis comme sous une avalanche de titres, non de noblesse (ce serait hors de saison), mais de piété inaltérable, de dévouement philanthropique, voire même de science religieuse et littéraire qu'ils étaleront avec orgueil sous nos yeux étonnés. Car on sait que ces messieurs sont des gens distingués dont le moindre défaut est de manquer de politesse et d'égards envers leurs chefs légalement constitués. Je lisais même dernièrement dans l'*Univers israélite* une sorte d'analyse d'une lettre du Consistoire central, et autant j'étais convaincu jusqu'alors que l'auteur de cette analyse ne savait pas écrire le français, autant je le suis maintenant qu'il ne le comprend même pas.

» Mais j'ai hâte, Monsieur le rédacteur, d'arriver aux remarques que j'ai à vous présenter sur le dernier article de M. Gerson Lévy. Ce n'est pas une critique que j'en veux faire; je désire plutôt le compléter. Monsieur Gerson Levy, après avoir constaté les rapides progrès faits par les israélites dans toutes les branches des connaissances élevées et utiles, et après s'être déclaré l'adversaire de ceux qui placent tout bonnement l'âge d'or au début des siècles et qui accourent vite, un boisseau à la main, pour étouffer toute lumière qui tendrait à se faire en Israël, félicite chaleureusement ses coreligionnaires « d'avoir rompu, à l'exemple de notre généreuse France, avec « les abus et les préjugés du passé, et d'avoir pris pour devise : « *Religion, honneur, patrie, travail, union et concorde.* »

Plût à Dieu que l'on fût toujours resté fidèle à ce drapeau, et que l'on n'eût jamais permis à l'amour de la civilisation de chasser de nos cœurs l'amour de la religion ! Mais, depuis le moment où a sonné pour nous l'heure de la liberté, il nous a semblé que nous devions tout immoler sur l'autel de la patrie : nos pleurs pour un triste, mais glorieux passé, nos espérances pour un brillant avenir, par conséquent notre attachement à une religion qui, par tout ce qui la constitue, nous parle de ce passé et de cet avenir. Mais la patrie, nous demandait-elle ce sacrifice ? Non, certes. Ce ne fut pas dans un esprit de prosélytisme qu'elle nous accorda les titres et les droits de citoyen : elle connaissait nos mœurs, nos usages, notre respect pour la tradition israélite ; elle ne nous a pas ouvert ses bras dans le dessein de nous arracher à notre antique foi ; elle nous a généreusement accordé avec la liberté de conscience, celle, tout aussi imprescriptible, de professer et de célébrer publiquement le culte de notre religion........... Agréez, etc.

S. Lévy.

Lettre de M. Munk au rédacteur des *Archives Israélites* :

Paris, le 15 novembre 1858.

« Mon cher rédacteur,

» La lecture du dernier article de M. Gerson Lévy sur les *Pioutim* m'a fait vivement regretter de n'avoir pu suivre régulièrement cette longue série d'élucubrations où une des parties les plus intéressantes de notre littérature religieuse est éclaircie avec autant d'érudition que de sagacité. Je n'ai malheureusement pas toujours à ma disposition un lecteur capable de lire les citations hébraïques ; mais ce que je connais de l'intéressant travail de M. Gerson Lévy suffit pour me donner le désir de le connaître complètement. Beaucoup de lecteurs, tout en ayant l'usage de leurs yeux, se trouveront pourtant dans le même cas que moi ; car les différents chapitres de ce travail ayant été publiés à de longs intervalles, il était difficile pour tout le monde de les lire régulièrement et d'en apprécier l'importance à sa juste valeur. Je ne parle pas de ce qu'on peut appeler la question *religieuse* de ce travail, et qui, même pour les plus fervents, est d'une médiocre importance. Je n'ai en vue que la question littéraire, qui, pour les amateurs de la littérature hébraïque moderne, est du plus haut intérêt. »

« C'est à ce point de vue que je désirerais très-vivement, pour ma part, que ce beau travail pût être réimprimé en un volume, afin d'en rendre la lecture plus commode. Ce n'est pas là, je l'avoue, un des ouvrages destinés à un grand succès de vogue; mais je ne doute pas qu'il ne se trouve un nombre de souscripteurs suffisant pour couvrir les frais d'impression. Je suis trop convaincu du désintéressement de l'auteur et de l'éditeur pour ne pas être sûr qu'ils se contenteront de notre reconnaissance. »

« Si vous approuvez ce projet, je ne doute pas que le savant auteur ne consente à revoir son travail, afin d'y faire quelques rectifications qui peuvent être nécessaires, et d'en faire disparaître, autant que possible, tout ce qui présente le caractère d'une polémique personnelle. Je me permettrai notamment d'appeler l'attention de M. Gerson Lévy sur ce qu'il dit de l'âge des *Pioutim :* si je ne me trompe, votre savant collaborateur en est encore aux résultats obtenus par les recherches de M. Rapoport, qui ne fait remonter les compositions de Kallir qu'à la fin du dixième siècle, tandis qu'il est certain que Saadia, mort en 942, cite déjà le célèbre Eléazar comme un poète ancien. C'est là un point important qui, tout en laissant intacte la question religieuse ou liturgique, peut offrir un grand intérêt au point de vue de l'histoire littéraire. »

Je ne connais pas assez, je l'avoue, le travail de M. Gerson Lévy pour me permettre d'autres observations de détail. Nous pouvons, d'ailleurs, avoir pleine confiance dans la vaste érudition de l'auteur et dans son zèle à rechercher la vérité jusque dans les moindres détails. »

« Recevez, etc. S. MUNK. »

En nous rendant aux instances des plus notables de nos coreligionnaires, pour faire réimprimer le travail de M. Gerson-Lévy, nous avions en vue une bonne action, et non pas une spéculation. Nous osons espérer qu'à l'exemple de plusieurs de nos administrations religieuses, le public éclairé nous tiendra compte de notre abnégation.

L'éditeur, S. CAHEN.
Directeur des Archives israélites.

PRÉFACE.

Orgue et Pioutim! Titre plat et trivial qui a de quoi faire reculer à cent lieues philologue et exégète, savant et ignorant, croyant et mécréant, orthodoxe et indifférent. Nous nous en voudrions cependant d'avoir causé au lecteur un quart d'heure d'ennui ou de perte de temps pour deux futiles questions qui seraient un anachronisme, si, à l'humiliation du rabbinat français, on n'avait agité l'Europe et l'Asie, pour une réforme microscopique, comme s'il s'agissait de voir ébranler dans leurs fondements les bases de la promulgation sinaïque, le principe capital du mosaïsme, tandis que les paisibles travaux de nos conférences parisiennes se bornaient à généraliser un état de choses établi de fait et de droit dans les principales synagogues du monde.

Si nous qualifions de *futiles* les deux points dont il est question dans cet ouvrage, c'est que deux lignes suffiraient pour les résoudre :

L'orgue est-il anti-religieux ?

Vingt mille rabbins, assesseurs, docteurs, professeurs et leurs savants disciples qui se sont succédé à l'Académie de Prague depuis 929, disent NON.

Les Pioutim sont-ils obligatoires ?

Les lions, qui réveillent l'aurore pour faire l'oraison matinale à la pointe du jour, s'en abstenant, pourquoi les infligerait-on aux indifférents qui dorment la grasse matinée ?

Voilà plus qu'il n'en faut pour convaincre tout homme de bonne foi et de sens droit. Mais que peut le bon sens sur ceux qui s'appliquent à étouffer la pensée et l'intelligence; qui prétendent nous régenter à la barbe de nos autorités religieuses légales; qui en appellent à une conférence plus considérable, à leur dire, que celle de Paris? Il fallait donc montrer où sont les vrais maîtres, exhumer des autorités autrement célèbres, autrement considérables que celles d'une étroite coterie; faire parler la raison, la science, le temps et l'expérience; consulter les leçons de l'histoire; évoquer les aigles de la synagogue universelle. Voilà pourquoi nous avons agrandi le cadre de notre plan, qui embrasse à la fois la question religieuse, littéraire, historique et philologique; qui en envisage même le côté moral, philosophique et politique.

Autant qu'il était possible nous avons cherché à éviter la sécheresse de la matière. Rabbins et gens du monde, théologiens impartiaux et philosophes raisonnables, même certaines personnes du sexe d'une réputation spirituelle bien méritée, nous ont souvent donné assez bonne opinion de notre travail en nous témoignant le regret de le voir scindé dans les *Archives Israélites*, de manière à faire oublier les prémisses quand arrivent les conclusions. Ce morcellement tient aux inévitables nécessités du journalisme. L'abondance des matières impose souvent aux directeurs l'obligation de répartir dans plusieurs numéros une série d'articles qui demanderaient à être lus dans leur ensemble. Il n'y a qu'un journal humoriste pour ignorer cette condition de la publicité périodique, et pour s'égayer avec une admirable présence d'esprit du retard que peut éprouver l'apparition intégrale de deux cent cinquante pages dans un recueil mensuel qui n'en contient que soixante-quatre. C'est déjà beaucoup pour un correspondant que d'en obtenir douze sur ce contingent.

Lente est d'ailleurs la vieillesse; les publicistes et les imprimeurs le sont souvent davantage, mais le sarcasme est prompt comme l'éclair. Il est si facile de dire à un écrivain *qu'il est l'apôtre du renversement; qu'il écorche la langue; qu'il touche à l'aberration; qu'il porte le nom du rabbin, son bisaïeul, auteur de* קרית חנה; *que, n'obtenant aucune attention, il s'en venge sur le bon sens, sur tout le monde et sur toute chose.* O douce charité de la *foi d'Israël!* Nous aurions cependant mauvaise grâce de nous plaindre de ces aménités. Qui sait? Si cet aimable critique a obtenu *l'attention,* que nous sommes loin de lui contester, nous lui devons peut-être ces éclatantes marques de sympathie qu'en toute humilité, nous ne pouvons attribuer au mérite d'un travail qui n'est que le reflet affaibli des *lumières de la captivité.*

Certes, il eût été à souhaiter qu'une plume plus habile se fût emparée de notre thèse. Ce n'est qu'à bout de patience que nous nous la sommes appropriée.

Vers la fin de l'été de 1856, un des membres les plus haut placés de notre assemblée ecclésiastique, daigna nous honorer de sa visite. La conversation s'engagea naturellement sur l'attaque passionnée dont les décisions des conférences venaient d'être l'objet. « Mais, nous fit « observer M. le Grand-Rabbin, rien de plus à propos ne « pouvait nous arriver. Voilà le rabbinat français mis en « demeure; il ne peut ni détruire ni laisser détruire son « propre ouvrage; nous tous, librement élus par les « suffrages de nos coreligionnaires, nous ne saurions nous « laisser imposer la loi par des gens qui n'ont aucun caractère officiel et qui veulent s'arroger un pouvoir qui « ne leur appartient pas. Patience, la vérité se fera jour « par la discussion. »

Six mois s'étaient écoulés, et pas un de ces ministres de la religion n'avait songé à défendre l'œuvre commune, à justifier seulement la lettre pastorale du patriarche de la synagogue française. On se demandait dans le public à quoi avait abouti la conférence? Réponse: à défrayer ses membres du plaisir de visiter la capitale.

Cent rabbins d'Allemagne auraient, en pareil cas, pris la plume pour soutenir leur chef, insister sur la force de la chose jugée ; mais nos rabbins français sont des hommes de paix ; les mains levées vers le ciel, ils contemplent le combat du haut de la colline, appelant de leurs vœux le succès de leur cause, mais se gardant bien de s'engager dans la mêlée.

En présence d'un état de choses aussi étrange, et malgré notre insuffisance, fatigué des obsessions de plusieurs amis, nous nous sommes enfin hasardé à jeter une pierre dans le jardin du dragon à cent têtes préposé à la garde des pommes d'or.

A dire vrai, beaucoup de rabbins nous ont applaudi. Nous ne pousserons pas l'indiscrétion au point de divulguer une correspondance privée. Combien d'individus reculeraient devant tout commerce épistolaire, s'ils pouvaient supposer qu'on s'avisât d'imprimer le stigmate de la publicité à leur opinion trop hardie ou trop timide, surtout s'ils se trouvent surpris en flagrant délit de contradiction, soit avec leurs propres publications, soit avec d'anciennes professions de foi. Lavater avait bien déploré la provocation publique faite à Mendelsohn sur un aveu fort innocent échappé au philosophe de Berlin dans l'intimité de la conversation. Du moment qu'on se fait imprimer, il faut accepter la discussion dans les bornes de la raison et des convenances, dans l'intérêt de la science et de la vérité.

La prétention au savoir, les vues d'ambition, le succès de vogue, sont loin de notre pensée. Nos travaux judaïco-littéraires, comme nos services personnels, qui datent de plus d'un demi siècle, n'ont guère été payés autrement que par l'ingratitude, la jalousie religieuse, la haine ,l hypocrisie philosophique , ainsi que de notre bourse et du précieux sacrifice de notre temps. La réimpression de ces *Etudes poétaniques* ne nous serait jamais venue dans l'idée sans l'impulsion de nos savants hors ligne, sans le stimulant de l'homme de bien exceptionnel, dont le nom figure partout où il y a des encouragements à donner, un progrès à favoriser. — Nous avons nommé M. ALBERT COHN.

Sa généreuse initiative a produit son effet. Le Consistoire central, ceux de la Seine, de la Moselle et du Bas-Rhin, la Commission administrative de la synagogue de Metz, etc., se sont empressés de souscrire à cette publication et de prouver ainsi qu'ils comprennent les efforts régénérateurs.

Comme le dit fort bien l'illustre auteur de *la Palestine*, la question poétanique est à cent mille lieues du domaine de la religion. Le judaïsme a été pratiqué avant Kallir, peut-être avec plus de ferveur et d'intelligence qu'il ne l'est de nos jours. Les aigles de la synagogue se sont prononcés; la raison et le bon sens des grandes communautés orientales, portugaises, allemandes et même polonaises ont fait justice de ces élucubrations du moyen-âge. Il n'y a que les héros de la foi *franco-germanique* pour protester contre cet état de choses et faire reculer nos rabbins, épouvantés de leur propre ouvrage. Sans cette explosion nous n'aurions pas trempé la plume pour nous en prendre à un sujet d'une si médiocre importance et qui ne nous vaudra jamais un succès *fou*.

Du moment que la question *religieuse* s'efface, la suppression des *Pioutim* ne se réduit plus qu'à la proportion d'un point de réglement, et c'est ainsi que l'a sagement envisagée la conférence. Or, pour tout ce qui n'entre dans le domaine ni de la morale, ni du dogme, ni de la doctrine, la personne du chef spirituel disparaît pour faire place à l'administrateur. L'article 20 § 4 de l'Ordonnance royale du 25 mai 1844, est formel à cet égard. « Il (le Consistoire « départemental) fait, sous l'approbation du Consistoire « central, les réglements concernant les cérémonies « religieuses relatives aux inhumations et *à l'exercice du* « *culte dans tous les temples de son ressort.* »

Nous ne pensons pas qu'une vaine déclamation soit de force à détruire la lettre de la loi.

Il faut rendre cette justice à l'intelligence de nos populations, que partout elles font entrer dans la composition de nos Consistoires des hommes bien intentionnés, charitables, dévoués, probes et loyaux. Mais ces élus ne sont pas toujours et partout des Franck ni des Munck : beaucoup d'entre eux, quoique distingués par leurs lumières, sont assez peu initiés dans la science du judaïsme pour savoir distinguer le fond de la forme, le dogme du cérémonial, l'abus du bon usage, le facultatif de l'obligatoire, le temporaire de l'immutabilité, la tradition générale de l'observance locale. Cependant ils ne sont pas tellement dénués des plus simples notions, pour ne pas sentir que les améliorations rituelles introduites de consentement rabbinique sur tel point d'un pays à législation homogène, ne sauraient être interdites comme nuisibles sur tel autre point.

Si donc le rabbin tient à rendre le culte public possible, attrayant, intelligible, impressionnable, propre au recueillement, à la sauvegarde de la religion, il s'attachera à exercer une influence salutaire et légitime sur ses collègues consistoriaux ; semblable à Moïse, il leur insufflera son esprit vivifiant ; provoquera lui-même le progrès vers le bien ; se mettra à la tête du mouvement religieux pour le diriger, l'empêcher d'aller trop loin ; fera régner l'ordre, la décence, la discipline et le respect dans le temple où la majesté du silence, la pensée, la contemplation constituent l'adoration parfaite.

Si, au contraire, et heureusement par exception, le rabbin renonce à sa propre science, aux lumières d'une religion éclairée ; si, sous prétexte d'un esprit de paix, (et quelle paix plus facile que celle qui concède à l'ennemi beaucoup plus qu'il ne réclame?) il pactise avec le fanatisme ignorant au détriment d'un culte pur ; s'il attise lui-même les brandons de la discorde entre la vieille génération qui ne veut rien céder, et la nouvelle, qui demande à sortir de la torpeur où avaient *forcément* croupi nos ancêtres ; s'il revendique pour lui la vénération et le respect dûs à ses hautes fonctions spirituelles, tandis qu'il donne lui-même le triste exemple de la révolte ouverte contre la majorité de ses pairs et de son chef hiérarchique; alors il arrive de deux choses l'une :

Ou le Consistoire, dans son bon sens, dans la conscience de son mandat, dans sa confiance aux lumières et à la piété des membres de la conférence, voudra mettre à exécution des décisions solennellement adoptées, ce qui donnerait lieu à une collision où le rabbin aurait toujours le dessus, car retranché derrière les barrières de son inamovibilité, il aura toujours assez de ressources pour placer les questions les plus indifférentes sur le terrain de la religion; et s'il ne jette pas à la face de ses collègues ces paroles terribles : אם לא ביד חזקה אמלך עליכם ! du moins se rend-il lui-même le jouet de la tourbe ignorante ;

Dans ce premier cas, un consistoire qui a le bien à cœur, ne peut rien faire de mieux que de déposer ses pouvoirs, tel que cela s'est déjà vu :

Ou bien les membres du Consistoire, se considérant comme les hommes liges, les humbles agents de M. le grand-rabbin, propres à faire ses corvées, le laissent derrière le voile de l'autel, où il ne se passe réellement rien; s'annihilent devant l'autorité du sceptre et de la tiare; ne connaissent d'autre volonté que la sienne, laissent tout faire, tout passer :

Ainsi le dit le maître,
Ainsi cela doit être.

Dans ce dernier cas, l'institution d'un Consistoire devient une superfétation dans la loi organique de notre culte. Se faire l'instrument aveugle d'un parti récalcitrant, en subir passivement l'influence et l'ascendant, est un rôle que tout homme raisonnable déclinera.

C'est donc en faveur de ceux de ces administrateurs religieux, assez modestes et assez justes pour reconnaître leur incompétence dans la science judaïque, que nous avons entrepris d'élucider la question de l'orgue et des pioutim en langue vulgaire, afin de leur démontrer qu'en se conformant aux décisions des dernières conférences, ils ne font qu'user de leur droit, remplir leur devoir et accomplir une œuvre bonne, utile, religieuse et patriotique, nonobstant clameur de haro.

De crainte que nous ne nous laissions aller à une trop juste irritation contre ces hommes qui ne répondent que par l'injure et le sarcasme, beaucoup de personnes de bon conseil, nous engagent à élaguer tout ce qui peut avoir trait à la polémique personnelle. Ce conseil est sage, digne du caractère généreux et conciliant de nos honorables amis. Quand d'ailleurs on a assumé pendant vingt-cinq ans la responsabilité d'un journal conservateur rédigé durant nos agitations révolutionnaires et politiques, on aurait mauvaise grâce de faire parade de susceptibilité personnelle. Sous ce rapport notre école est faite. Nous pouvons néanmoins affirmer en toute vérité que, pendant le quart de siècle de notre gestion, nous n'avons pas vu, chez nos adversaires politiques, un seul exemple du cynisme de langage, au diapason de celui du fanatisme religieux. Le עז באומות, comme l'entendent nos hommes fossiles, n'a pas encore tout-à-fait oublié son rôle.

Quoi qu'il en soit, si les décisions de nos conférences n'avaient pas été attaquées, nous ne les aurions pas défendues; et, en les défendant, il fallait bien apprécier la valeur de l'acte ou des actes d'accusation.

Nous réfutons un système; ses auteurs se croient attaqués dans leur personne. Une réplique raisonnée, démonstrative, était de bonne guerre; mais de grossières injures ne prouvent rien.

En traitant une matière quelconque, si l'on voulait prendre en considération les susceptibilités personnelles, il faudrait cesser d'écrire : Pascal n'aurait pas publié ses lettres provinciales; Molière n'aurait pas osé ridiculiser les mœurs sur la scène; La Bruyère, tracer ses caractères, ni La Fontaine, se servir d'animaux pour corriger notre espèce.

« *Un discours trop sincère aisément nous outrage;*
« *Chacun dans ce miroir pense voir son visage.* »

Quand des individus découvrent leur propre ridicule dans le *Tartuffe*, *l'Avare*, *le Bourgeois gentilhomme*, c'est une preuve de la fidélité du peintre, et c'est ce qui fait le mérite du tableau.

S'il est permis de comparer les petites choses aux grandes, nous dirons que si nous soumettons à l'examen critique certains manifestes, leurs auteurs ont tort de considérer comme offense personnelle un jugement porté sur des actes patents. Toutes les fois qu'on donne une large publicité à ses opinions, on ne peut avoir d'autre but que d'appeler l'attention publique sur les points litigieux, de provoquer la discussion dans l'intérêt de la vérité. Prétendre à l'infaillibilité, c'est se poser en Dieu.

Quant aux personnes, nous nous en tenons à l'ancien adage :

Amicus Plato sed magis amica veritas.

Nous savions d'avance que tous les amis des *pioutim*, tous les ennemis de l'orgue, nous seraient hostiles, comme nous étions sûr aussi des sympathies des partisans de l'orgue et des adversaires des pioutim; mais notre respect pour les personnes est tel, que, contrairement aux intérêts et au succès de cette publication, nous ne nous permettons même pas de faire paraître les nombreuses adhésions dont notre travail a été l'objet de la part de plusieurs savants rabbins, dans la crainte de les exposer à une morsure semblable à celle qu'a reçue, à notre sujet, notre pieux et loyal ami, M. le Rabbin Dreyfuss.

Le désir d'une réforme à une époque où, dans tous les grands centres, le *culte* est menacé d'une entière dissolution, est une preuve de la vitalité *religieuse*. Attendez encore un demi-siècle, et la réforme ne trouvera plus d'élément; l'indifférence aura pris le dessus. La réaction est toujours égale à l'action. Comment pourrait-il en être autrement d'un cérémonial qui, ne parlant ni aux yeux, ni au cœur, ni à l'esprit, est plus propre à tuer la ferveur qu'à la réveiller?

Notre illustre M. Munck, qui occupe un si haut rang dans le monde savant, se méprend singulièrement sur la portée de nos connaissances. Il ne sait peut-être pas que les produits de l'érudition germanique sont aussi peu connus chez les *israëlites les plus éclairés de la terre*, (selon un apologiste *véridique*) que chez les Iroquois et les Hottentots, et c'est un malheur. Nous ne demeurons pas dans une *Kiriath-Sépher*. Privé de tout moyen de recherches, nous avons cru devoir établir l'âge de Kallir, d'après ce poëte lui-même, par cette simple supputation : 900 + 70 = 970.

Mais si, comme le fait observer M. Munck, Saadia, mort en 942, cite déjà le célèbre Eléazar comme un poëte ancien, la date que nous lui assignons ne peut être qu'un parachronisme des plus caractérisés.

On ne peut se tirer de là qu'en admettant qu'un correcteur du dixième siècle aura fait un changement qu'il faudrait renouveler tous les ans pour être dans le vrai. C'est une preuve de plus que Kallir n'a pas écrit pour les siècles futurs.

Mais était-il *Tanaï?*

That is the question!

L'époque la plus reculée assignée par Zunz au grossissement successif de notre rituel, ne remonte qu'à 650. Quelle distance entre cette date et celle des *Tanaïm!* (Poésies synagogales, page 271).

Plus nous nous appliquions à élucider la question relative à l'âge de Kallir, plus la difficulté s'accroissait. Ainsi Heidenheim et Zunz maintiennent la date de 970; Rapoport, celle de 1030; enfin Jost considère Saadia comme le *jeune* contemporain de Kallir. (Geschichte des Judenthums, tome 2e, page 271), ce qui coïncide assez avec l'induction de Luzzato, qui fait vivre notre poète en l'an 900, où il pouvait être très-avancé en âge, lorsque Saadia n'avait encore que huit ans, ce qui expliquerait la qualification de *vieux* poète que lui applique Saadia, qui n'a vécu que cinquante ans.

Nous hasardons cette conjecture pour ce qu'elle peut valoir aux yeux de la critique. Les moyens de recherches nous faisant défaut, il a pu, par cela même, nous échapper plus d'une bévue historique ou chronologique, plus d'une hérésie scientifique. Notre entière gratitude à tous ceux qui rectifieront nos erreurs. Nous accueillerons toujours avec reconnaissance les observations judicieuses et éclairées de tout censeur impartial. Autant nous respectons les opinions franches et sincères, autant nous répugnent les masques hideux, les travestissements burlesques.

ERRATA.

Pages	Lignes	Au lieu de	Lisez
55	39	ils le banniront	qu'il soit banni.
96	24	des Maïmonides	de Maïmonides.
131	6	Héchel.	Héchal.
155	2	de l'Impartialité	de la Partialité.
161	3	כתובכי	כתוב כי

Le journal le *Maskir* nous reproche l'altération de certains noms propres. Cet inconvénient subsistera tant qu'il n'y aura pas une convention arrêtée pour la transcription des langues orientales en caractères européens. Tout français comprendra, par exemple, qui l'on veut désigner par le nom de *Mathusalem ;* si nous lui substituons celui de *Metouschelah'*, il n'y a pour nous comprendre que quelques individus familiarisés avec le texte des Saintes-Écritures. Autant qu'il était possible nous avons cherché à nous rendre intelligible au plus grand nombre.

ORGUE ET PIOUTIM.

I.

PROLOGUE.

Iaschar s'en va-t-en guerre.—Trois boutades.—Neuf inconnus marchant sur les pieds de neuf Grands-Rabbins. — Respect au culte domestique. — Discipline dans le culte public. — Promesses messianiques. — Ce que demande la Société et ce qu'on lui doit. — Le vieux Fritz envoie les fous au diable. — Signification du mot Réforme. — *Frappe, mais écoute.*

Depuis deux mois (1) le même nom corne à mes pauvres oreilles : c'est Rep Hersch, Reb Hirsch, Rébé Harsch, selon que mes interlocuteurs, et même mes interlocutrices, sont Alsaciens, Lorrains ou Messins. Tout le monde est en émoi, qui pour, qui contre, c'est un tohu-bohu auquel de plus intelligents que moi ne comprendraient rien. Il ne s'agit de rien moins que de l'épée de Damoclès suspendue sur nos têtes par le complot de nos chefs spirituels contre le judaïsme et sa loi divine.

Les Conférences de nos grands rabbins m'étaient encore à peine connues, que je me vois abordé par un de ces hommes qui regrettent nos chapeaux jaunes du bon vieux temps. Le rire oblique, l'œil clignotant, il me demande si j'ai lu l'article de Reb Hirsch : il faut voir comme il en donne sur les doigts de nos *ordonnés!* — Quel M. Hirsch ? — Le grand rabbin de Francfort-sur-le-Mein. — Vous faites une double erreur : voilà près de quarante ans qu'est décédé, aux regrets de toute sa communauté, le vénérable Hirsch Horwitz de sainte mémoire ; c'était l'homme le plus doux, le plus pacifique, le plus tolérant. En 1810, tout

(1) Écrit en 1856.

Francfort l'a entendu exhaler sa douleur dans un éloge funèbre prononcé sur la tombe de feu Jacob Stern, qui cependant passait pour le coryphée du parti libéral. La seule fois que j'ai eu occasion de me présenter chez lui avec M. Heidenheim, il nous a accueillis avec la plus grande bienveillance et m'a témoigné sa satisfaction d'avoir appris que j'assistais aux offices les jours de grandes fêtes. C'était se contenter de bien peu. Quant au grand-rabbin actuel de Francfort, il s'appelle M. le docteur Léopold Stein, successeur de M. Salomon Trier. C'est un homme sagement progressif. Poëte, orateur, savant théologien, défenseur ardent des intérêts du judaïsme en général et de ceux de sa communauté en particulier : voilà M. Stein. Ouvrier de la vraie foi, il consacre sa laborieuse carrière à l'instruction religieuse de la jeunesse, à l'édification de ses ouailles, au bien public ; chaque samedi, chaque fête, chaque solennité, sa chaire retentit de sa mâle éloquence ; cinq fois il fait entendre la parole de Dieu le jour du Kippour. Un homme de cette trempe ne *donne pas sur les doigts* de ses confrères, nos respectables grands-rabbins de France. Il faut laisser ce triste moyen à des hommes sans goût, sans idée des convenances, ou à la médiocrité prétentieuse. Je suis cependant dans le vrai, me réplique mon interlocuteur ; procurez-vous le numéro de juillet 1856 d'un journal intitulé *Ieschurun*, paraissant à Francfort, et vous verrez.

Nos sommités messines ont le goût peu littéraire ; notre intrépide touriste, Benjamin II, peut vous en dire quelque chose. Après avoir agité ici toutes les sonnettes, le pauvre pèlerin a recueilli onze maigres souscriptions de cent sous pour le beau volume de son *Itinéraire d'Orient*, juste la moitié de ses frais de route et d'hôtel. Comment donc se procurer dans une telle ville un *Ieschurun?* Force me fut de m'adresser à la complaisance d'un de mes amis littéraires du dehors, et le premier courrier vint satisfaire mon impatience.

Le titre de ce journal m'a plu : *Ieschurun, de* ישר, indique la droiture, l'équité, conséquemment justice et impartialité, qualités si désirables dans tout publiciste consciencieux. Grande fut ma déception en parcourant les quarante-huit longues pages de ce numéro, qui, du commencement jusqu'à la fin, n'est qu'une boutade satirique, une tempête dane un verre d'eau.

Boutade contre le mouvement régénérateur du judaïsme ;

Boutade contre le savant docteur Graetz, dont la gloire dans la critique historique va jusqu'aux astres ;

Boutade contre le docte et paisible chef de la Synagogue française et contre tout notre inoffensif corps rabbinique ; et plus rien.

Si ce n'est pas par antiphrase que ce journal s'intitule *Ieschurun*, Moïse avait raison d'ajouter ויבעט ; l'inexorable rabbin de la חברא קדישא de Francfort piétine, casse, pile, réduit en poudre, sans miséricorde, tout ce qu'il rencontre sur son chemin.

Tant de fiel entre-t-il dans l'âme des dévots?

M. Graetz est de force à se défendre, s'il daigne le faire, et je me donnerais l'air de la mouche du coche si je me mêlais de la polémique qui le concerne.

A plus forte raison n'embrasserai-je pas la défense de nos vénérables grands-rabbins, cloués charitablement au pilori du *Ieschurun*.

Mais comme cet article paraît avoir donné lieu à un factum signé par neuf laïques — (*je veux être pendu si j'en connais pas un!* puisqu'ils ont omis leurs titres et qualités) — contre neuf grands-rabbins qui unissent la science à la vertu et à la religion, j'ai dû, malgré ma répugnance, céder aux instances de quelques amis qui me pressaient d'éclairer l'opinion du vulgaire, s'il est possible de l'éclairer, car il n'est pire sourd que celui qui ne veut pas entendre.

Depuis plus de vingt ans, tous les organes de la presse israélite, tous les hommes de bon sens, alarmés des abus et des exagérations qui caricaturent la sainteté de notre culte, d'un côté ; et de la désertion complète dont il est menacé, par cela même, du côté opposé, demandaient à hauts cris la réunion en synode de nos autorités religieuses les plus compétentes, qui, dans leur sagesse, pussent aviser aux moyens de conciliation entre les deux partis les plus contradictoires.

Nos grands-rabbins, pour se soustraire jusqu'au soupçon d'une pression sur la masse, dont l'opiniâtreté est en raison directe de l'ignorance, ont été assez modestes pour répudier le titre de *synode*, ne voulant pas imposer leur volonté absolue aux synagogues rétives, colères, indisciplinables.

De quoi devait s'occuper la respectable réunion? Est-ce du

for intérieur, du secret de nos ménages? Évidemment le culte domestiqué est un sanctuaire impénétrable : nul n'a le droit, *s'il n'est consulté*, de s'immiscer dans nos cuisines, dans nos bureaux, dans nos chambres à coucher, dans nos salles à manger. Chantez *chez vous* ומירות tant que vous voudrez; doublez, triplez la dose des Pioutim; martelez-y Aman à coups redoublés; frappez les branches du saule jusqu'à ce qu'il n'en reste plus feuillet, aucun rabbin du monde ne peut s'y opposer, vous êtes libre sous votre toit; il n'y a pas de saint-office dans le judaïsme.

Autre chose est du culte public ; là nous devons dire זה אלי ואנוהו ! Les rabbins, les Consistoires qui se montreraient indifférents sur ce point capital, nous plongeraient dans une condition pire que celle du paganisme. Sans doute pour l'esprit philosophique, la pompe des cérémonies religieuses peut être considérée comme chose vaine; mais ne convient-il pas d'impressionner le commun des fidèles par le spectacle imposant d'un symbolisme qui, quoique simple, ne frappe pas moins les sens, et se fraye ainsi le chemin du cœur?

Qu'était-ce que l'ancienne synagogue dans l'état de notre oppression, de notre oisiveté forcée? C'était un lieu où chacun était le maître: point de goût, point d'ordre, point de respect, point de discipline. Le principal officiant était ordinairement un nasillard dont les trilles imitaient le hennissement du cheval, avec accompagnement d'une basse-taille dont tout le mérite consistait à contrefaire le grognement d'un animal en horreur aux israélites, et d'un fausset discordant ressemblant à la voix aigre et perçante de la jeune fille; l'assistance entière faisait chorus avec ce trio, et pas un ne connaissait la gamme. Nos pères trouvaient cela beau, surtout quand il y avait force fanfares, force valses, force ariettes. Les jours de fêtes, ce beau spectacle ne durait que les six heures de la matinée, et l'on y assistait à cœur jeun, preuve du plaisir qu'on y prenait. Mais les goûts sont relatifs et ne se discutent point. Malheur à la mère qui ne trouve pas son enfant charmant.

Qu'est-il résulté de cet état de choses? Tout ce qui avait le sentiment du beau, de l'art et des convenances, finissait par déserter un cérémonial grotesque qui blessait les sens, qui ne s'adressait ni aux yeux, ni au cœur. Le *brouhaha synagoyal* avait trouvé place dans tous les dictionnaires.

Il était enfin temps que le progrès religieux dit aussi son mot; l'esprit de l'époque se fait jour jusque dans nos temples; mal venu serait quiconque voudrait se soustraire à son influence. On peut bien faire de la résistance le quart d'une vie d'homme, mais les lumières ne rétrogradent pas. Adieu à jamais notre mauvais jargon, notre vieille routine, nos vieux escrimes scolastiques, tout le vieux levain, fruit d'un opprobre de dix-huit siècles. Plus de mystères, le judaïsme est une idée, c'est le principe unitaire qui peut se dévoiler à la face du monde; le fondement de sa loi est la morale universelle, la charité envers tous. Toutes ses aspirations tendent à la paix, à la concorde, au bonheur du genre humain. A mesure que la civilisation avance, la vigne du Seigneur refleurira plus splendide; on ne se nuira, on ne se fera aucun dommage, *car la terre entière sera remplie de la connaissance de Dieu comme les eaux qui couvrent les abimes de la mer*. Et les peuples se diront : *N'avons-nous pas tous un même père? Ne sommes-nous pas les créatures du même Dieu? Pourquoi agirions-nous perfidement contre nos frères?*

Aveugle qui ne voit ici l'alliance future des peuples, comme l'accomplissement de la volonté divine. Plus aveugle encore le soi-disant conservateur qui, nouveau Josué, se croit de force à arrêter le mouvement du soleil.— « *Les gouvernements,* s'écrie-t-on, *soutiennent partout les conservateurs!* » — Les bons gouvernements, comme le nôtre, veulent que les habitants soient moraux et travailleurs, tolérants et instruits, probes et honnêtes. Qu'est-ce que l'État peut avoir de commun avec vos mille systèmes religieux, vos insupportables querelles ecclésiastiques? Le temps des guerres de sectes est passé; laissez les gouvernants tranquilles et remplissez vos devoirs en bons citoyens. Voilà tout ce que la société vous demande.

Le grand Frédéric s'ennuyait un jour à la lecture d'un placet, à propos du choix entre deux livres de cantiques allemands, dont l'un commençait par le *piout* si célèbre : « *Maintenant, ô chrétiens! toute la forêt endormie se repose.* » C'était entre deux partis luthériens une dispute aussi importante que la fameuse querelle de *Kiskis* et de *Kankan*. Le vieux Fritz, impatienté, renvoya la pétition avec cette apostille écrite de sa royale main : « Que tous les diables vous emportent! chantez tant qu'il » vous plaira le *Sommeil de la forêt* et autres bêtises encore, » mais laissez-moi dormir aussi! »

Cette brusquerie prouve le cas que fait de ces inquiètes obsessions, pour des bagatelles, un prince éclairé et absorbé par les grandes questions d'Etat.

Bagatelles! s'écriera le quart de nos trente-six justes. *La radiation de certaines prières, l'introduction de l'orgue dans nos temples, sont-elles des réformes innocentes, licites?* — Écoutez! *Réforme*, selon tous les dictionnaires, c'est le rétablissement de l'ancienne *forme*, le retranchement des abus qui l'ont *difformée.*

Dans ce sens les timides tentatives essayées dans nos Conférences rabbiniques n'ont d'autre défaut que d'être trop *innocentes,* trop *licites.* — *Frappe, mais écoute.* — Un peu de mémoire, un peu de connaissance historique, et, ce qui est plus rare, un peu de bon sens et de bonne foi, voilà tout ce que je vous demande.

II.

L'ORGUE.

Origine idolâtre de la musique instrumentale. — Son introduction pour tout de bon au tabernacle et à l'école des prophètes. — Ses progrès sous David et Salomon. — L'orgue est d'origine orientale antérieure à l'ère chrétienne. — Il est adopté par l'Église et la Synagogue, dans la mesure du possible. — Neuf Lilliputiens contre dix mille géants de Prague. — Inauguration des temples de Seezen et de Hambourg. — Mouvement rabbinique en sens inverse. — Bons usages des gentils, dignes d'imitation. — Question d'esthétique. — Scène d'école. — Du sublime au ridicule il n'y a qu'un pas. — L'orgue sabbatique. — Soupape de sûreté du judaïsme.

Commençons par l'orgue.

Il y a cinq mille et quelques cents ans, un nommé Jubal inventa deux instruments de musique : le *kinor* et l'*ougab.* Mendelssohn, qui connaissait le degré de culture des théologiens juifs de son époque, a la sage précaution de les prévenir que la musique est *une grande science.* יהיא חכמה גדולה

(Genèse, IV, 21). Le Dictionnaire hébreu de feu M. Marchand Ennery rend *ougab* par *orgue*. Le vénérable rabbin n'a pu traduire ainsi que pour protester contre l'origine chrétienne de l'orgue, comme certains gardiens de la foi juive ont voulu le soutenir; car on ne peut supposer que l'instrument le plus compliqué, l'instrument par excellence, ait été le premier inventé (1).

Nier les salutaires effets de la musique, c'est se placer en dehors de l'humanité entière; c'est contester systématiquement l'instinct de tous les âges de la vie, de tous les temps, de tous les peuples barbares ou civilisés, voire même d'un grand nombre d'animaux. La musique est la langue universelle, intelligible à tous : elle provoque le sommeil de l'enfant au berceau, surexcite l'esprit prophétique (2), calme l'hypocondrie d'un roi furieux (3), élève l'âme vers Dieu, réveille le sentiment religieux et patriotique, soulage les cœurs dans les circonstances lugubres de deuil et d'affliction (4).

Personne n'ignore l'effet que produisait sur les soldats suisses, à la solde d'autres pays, l'air du *Ranz des vaches :* il leur donnait la nostalgie et les faisait déserter en masse. Et cette *Marseillaise* et ce *Chant du départ*, qui électrisaient nos héroïques défenseurs, lorsque l'Europe entière était conjurée contre nous! Pour être insensible à la musique, il faut n'avoir point d'âme!

Le premier usage des instruments de musique était, selon le *Midrasch* rapporté par Raschi, pour célébrer les faux dieux, לומר לע״א (Raschi Genèse, IV, 20). C'est ce que tout *conservateur* israélite doit croire. Mais ce qui est incontestable, ce qui

---

(1) Voyez la bible de Cahen, 2e édition, page 204, note sur ce passage.

(2) Samuel dit à Saül : « Tu rencontreras une troupe de prophètes « précédée du son du luth et du tambourin, de la flûte et de la harpe; « saisi de l'esprit de Dieu, tu prophétiseras comme eux, tu seras tout « autre. » (I. *Samuel*, X, 5, 6.) — Elisée, pour ranimer en lui l'esprit prophétique, demande un joueur d'instrument, et, à mesure de l'exécution, l'inspiration divine s'empare de lui. (II. *Rois*, III, 15.)

(3) I. *Samuel*, XVI, 16.

(4) La musique instrumentale devait accompagner les convois funèbres, même des plus pauvres, auxquels on ne pouvait refuser moins de deux flûtes et de quelques pleureuses gagées. אפילו עני שבישראל לא יפחות לו משני חלילים וקוננת. (*Kethuboth*, ch. IV, 3.)

est constaté par les monuments de la plus haute antiquité, c'est que, déjà du temps de nos premiers patriarches, tout le monde païen avait introduit la musique instrumentale dans ses temples, dans ses pagodes, dans la célébration de ses mystères. Les fouilles pratiquées aux environs de Thèbes ont mis à découvert le sarcophage d'Osymandias, qui a régné sur l'Egypte, il y a près de quatre mille ans, et l'on y a trouvé un grand nombre d'instruments métalliques.

Environ mille ans plus tard, un roi poëte, artiste, prophète et conquérant, en un mot le roi David, sans craindre les חוקות הגוים, s'empare résolûment de cette invention païenne, de cette idée païenne, de cet usage idolâtre, et prépare pour la maison de Dieu quatre mille instrumentistes destinés à célébrer au temple les louanges du Créateur. (I, Chroniques, XXIII, 5). Et voyez dans les Psaumes la grande variété de ces instruments, lorsque Moïse ne consacrait au culte que le *Schophar* du יום תרועה et la הצוצרה pour toutes les fêtes et les néoménies;

וביום שמחתכם ובמועדיכם וג' ותקעתם בחצוצרות

Evidemment David et Salomon étant juges et parties, les conservateurs de leurs temps ne pouvaient pétitionner contre eux.

Nous vous concédons, me répond-on, tous les instruments, fussent-ils primitivement consacrés à Brahma, Vischnou et Seeva, à Isis et Osiris, à Astaroth ou à Moloch; la Synagogue n'en prohibe aucun, nos solennités inaugurales peuvent l'attester. Autre chose est de l'*orgue :* cet instrument ne figurait pas au temple de Salomon; il appartient à l'église chrétienne.

Nous sommes parfaitement d'accord sur l'absence de l'*orgue* du temple de Salomon; il n'y figurait pas plus que le saxhorn, l'ophicléide, le violon, le paratonnerre, l'éclairage au gaz et le télégraphe électrique. Est-ce de sa faute s'il n'était pas encore né? — C'est donc un instrument chrétien! — Mais si, lors de son invention, le christianisme n'était pas né non plus?...

Laissons parler l'histoire.

Il y a quelque deux mille ans, 135 ans avant la naissance de Jésus de Nazareth, un célèbre mathématicien d'Alexandrie, nommé Ctésibius (qui ne songeait certes ni au Christ ni à son église), considérant que le son des instruments, comme la parole, n'est autre chose que de l'air battu, s'est posé cette question : Si dix flûtistes qui s'époumonent produisent plus d'effet qu'un ou deux, quel résultat ne doit pas donner un mécanisme dont la force puisse être élevée, par l'effet de l'eau ou du vent, à plusieurs milliers de flûtes sans fatiguer les poumons ? Il inventa l'*orgue*, instrument qui, par sa puissance, a la propriété de couvrir le bruit tumultueux des grandes assemblées ; de maintenir les voix au diapason ; de donner le ton et de mettre à l'unisson les mille voix confuses qui produisent l'effet de la mer agitée par la tempête. L'invention de Ctésibius a-t-elle pénétré jusqu'à Jérusalem ? Tout ce que nous savons par la Mischna (*Soukah*, ch. V), c'est que le חליל, d'après Raschi, dominait tous les autres instruments du temple. Le *chalil* est déjà mentionné dans *Isaïe*, *Jérémie*, *le premier Livre des Rois*, où Raschi ne fait qu'indiquer la traduction française *flûte*. Or, une simple flûte ne saurait avoir la puissance de couvrir ces symbales, ces timbales, ces sistres, ces trompettes et autres instruments bruyants usités dans le temple. Il paraît donc que si le *chalil* de la Mischna n'était pas un orgue, il ne s'en éloignait pas de beaucoup ; mais la מגריפה, avec ses dix tuyaux qui portaient les sons de Jérusalem à Jéricho, était certainement un orgue (תמיד א'ח', עירובין א). Longtemps l'Eglise primitive se servit des mêmes instruments que ceux du temple, et encore aujourd'hui elle est bien loin de les exclure ; mais quand, sous Charlemagne, mille ans après son invention, l'orgue passa d'Orient en Occident, les chrétiens, appréciant le mérite de cet instrument, l'ont introduit dans leurs temples, pourvu que ceux-ci eussent la solidité nécessaire pour résister à une si puissante sonorité, ce qui nécessairement était le cas plutôt pour les massives basiliques que pour les synagogues, aussi chétives que la fortune de ceux qui les fréquentaient. Cependant les synagogues d'Espagne, celle de Corfou, et celle de la communauté la plus importante et l'une des plus anciennes de l'Europe, font exception. Tous les touristes attestent que le plus ancien, le plus solide et le plus curieux monument de l'architecture germanico-gothique, c'est la synagogue dite la vieille-neuve (*alte neue Schule*) de Prague (1). Construite en 929; elle est encore aujourd'hui admirable de conservation.

Ce qu'il y a de certain aussi, c'est que nos pauvres exilés d'Espagne et de Portugal n'ont pu emporter leurs orgues sous le bras, comme les lévites de Jérusalem l'avaient fait de leurs harpes. Ces orgues, reconnaissables à leur forme du onzième et du douzième siècle, se trouvent encore en place dans beaucoup de riches synagogues converties en églises depuis l'expulsion.

L'usage de l'orgue dans un édifice comme celui de Prague, par exemple, ne pouvait donc pas présenter plus de danger que dans les cathédrales. Quant à la question de la légalité religieuse, ce לבוש, ce מהר״ל מפראג, ce של״ה, ce Rabbi Loewe l'éminent, cet Eibschutz, ces dix mille rabbins ou érudits talmudistes qui se sont succédé à Prague depuis Rabbi Chisdaï en 929, jusqu'à l'érudit docteur Rapoport de nos jours, personne n'a songé à demander si *l'orgue* de Prague *n'est pas contraire à nos lois sacrées, compromettant pour l'avenir de notre culte!* Il fallait attendre les astres du dix-neuvième siècle pour soulever une difficulté à laquelle n'avaient pas pensé les vingt ישיבות et בתי מדרשים de Prague avec leurs éminents professeurs, dont les ouvrages casuistiques *sont innombrables* (2), *et à l'eau desquels se désaltérait tout Israël.*

---

(1) Voici comment les historiens expliquent la bizarrerie de cette dénomination. L'établissement des juifs à Prague remonte à l'an 907; leurs habitations, ainsi que leur première synagogue, étaient des constructions en bois, comme toutes les maisons bohémiennes de cette époque. Tout le quartier qu'ils occupaient étant devenu la proie des flammes, on leur en accorda un autre où ils se construisirent en pierre massive une *nouvelle* synagogue dite synagogue *neuve*. Leur population s'étant accrue à la proportion d'occuper une ville entière (la ville juive), ils se virent obligés d'augmenter en conséquence le nombre de leurs synagogues; dès lors la synagogue métropolitaine devint *ancienne* par rapport aux *nouvelles :* de là son épithète *vieille-neuve.*

(2) Prague, avec sa ville juive, son marché juif, sa population de neuf mille juifs, a été surnommée la *Jérusalem bohémienne.* C'était la pépinière la plus féconde de la science rabbinique. On sait que nos anciens rabbins comptaient beaucoup plus sur la largesse de leurs ouailles que sur leurs modestes émoluments, et que la fortune est rarement le

Soit la crainte de faire écrouler nos synagogues sous l'ébranlement de l'orgue, soit celle du retentissement à l'extérieur que pouvait produire le bruyant instrument, soit enfin le manque réel ou simulé de ressources financières aux époques où le juif n'avait rien à perdre ni à gagner dans la considération publique, l'exemple de l'Espagne, de Prague et de Corfou n'était pas un sujet d'émulation pour le reste des communautés allemandes. Ce qui est sûr cependant, c'est que si elles avaient tenté d'introduire l'orgue, nul rabbin n'aurait osé les menacer d'empocher les clefs de la synagogue : 1° parce que la synagogue n'est pas la propriété du rabbin; 2° parce que le rabbin ne voudrait ni ne pourrait faire acte d'évêque, sans donner un exemple flagrant du vrai חקת הגוי. (Nos pieux ancêtres messins ont bien donné l'exemple du contraire en faisant enlever les fenêtres de l'habitation du R. Gabriel Cohen (1635), pour le forcer à se retirer); 3° enfin, le plus sot des syndics aurait pu lui demander s'il peut se mesurer avec les Horwitz, les Falk, les Charam, les Betzalel, les Abraham, les Mardochée Jophi, les David Ganz, les Meissel, les Fischel, les David Oppenheim, les Spiro etc., etc., tous de Prague, tous auteurs ascétiques, tous approbateurs de l'orgue de leur synagogue.

Aussi ce fut aux applaudissements des rabbins les plus distingués de l'époque que l'immortel Jacobson introduisit l'orgue dans le magnifique temple qu'il inaugura à Séezen, le 17 juillet 1810, avec l'assistance de MM. Loeb Berlin, Jacob Steinhard et Calkar, grands-rabbins du Consistoire westphalien.

Cette cérémonie avait attiré plus de vingt rabbins qui célébraient à l'envi, en prose et en vers, qui en hébreu, qui en allemand, l'immense générosité de l'homme qui réunissait en lui les mérites de Salomon et de Zorobabel. Ils donnèrent à l'édifice le nom de *Temple de Jacob*, et ce temple avait son orgue! ses prières allemandes! sa prédication allemande! et il y a de cela quarante-huit ans passés! et pas une sentinelle de

---

partage des savants. On raconte de feu Ezéchiel Landau que voyant arriver à sa rencontre, à deux lieues de la ville, plus de cent docteurs de la loi qui venaient le recevoir, il s'écria : ! מי יתן? כל עם ה' נביאים « Que deviendra mon casuel? tout le monde étant rabbin! »

la vraie foi pour protester ! Ah ! messieurs les conservateurs français, que n'étiez-vous là !...

Nous venons de voir que l'orgue synagogal n'avait jamais fait un sujet de question. Mal en prit à un certain nombre d'hommes d'élite de Hambourg, qui, pour ranimer dans leurs familles le judaïsme spirituel, la religion du cœur, s'étaient avisés, vers 1818, d'ouvrir dans cette ville un temple à l'instar de celui de Jacobson. Cette bonne nouvelle, qui témoignait du moins de la sympathie des âmes pour le culte du Dieu d'Israël, d'un retour vers des idées plus modérées et plus justes, n'a fait que répandre l'alarme dans le camp de la vieille orthodoxie, avec laquelle il n'y a pas de transaction possible. Tout ou rien, le *statu quo* ou le baptême : voilà sa devise.

Des circulaires furent lancées dans toutes les directions ; on conjura les rabbins de tous les pays de mettre l'interdit sur l'autel profane ; d'anathématiser ceux qui s'y présenteraient ; d'une question de la plus haute importance pour la vie spirituelle, on fit une question d'un méticuleux casuistisme, comme si la minutie pouvait avoir quelque valeur aux yeux de ces adorateurs intelligents.

La grande majorité des rabbins garda un silence absolu : de toute la France, il n'arriva à Hambourg qu'une seule réponse. Deux octogénaires du plus haut mérite et de la science la plus profonde, qui, ô miracle ! savaient à cette époque quelque chose de plus que ש״ס ופוסקים, embrassèrent chaleureusement la cause du nouveau rite hambourgeois. C'étaient le célèbre Aron Chorin, rabbin de Hongrie, et le vénérable Joseph-Abraham Friedlaender, grand-rabbin de Westphalie, mort centenaire et pleuré à chaudes larmes partout où sa gloire avait retenti ; mais ces documents ne figurent pas dans les דברי הברית, où l'on a recueilli les opinions de tous les adversaires de la nouvelle institution. Qu'a produit ce volume ? La peine du talion : les temples se sont tellement multipliés depuis dans toute l'Allemagne, les innovations y sont tellement tranchantes, que le cérémonial du temple de Hambourg passe aujourd'hui pour très-orthodoxe. Il y a plus : à Hambourg même les adversaires du nouveau temple ont fait tous leurs efforts pour lui enlever le chacham Isaac Bernays, auteur du *Bibelscher Orient*, appelé originairement dans cette ville par le nouveau parti. C'était un hommage involontaire rendu au rationalisme par ses adversaires.

La morale de tout cela, Messieurs, c'est que toutes les fois que vous voulez entraver, vous vous créez à vous-mêmes de nouveaux obstacles.

Il nous reste à répondre à une objection de l'ignorance et à la chicane de la subtilité captieuse, c'est l'éternelle question de חקת הגוי.

Appliquer cette question à l'orgue, c'est vraiment dépasser les limites de l'absurde. Qui veut-on tromper? Si jamais décrétale ou concile avait déclaré l'orgue obligatoire dans le service du culte, indispensable au cérémonial chrétien, vous auriez, quoi que nous en ayons dit, quelque apparence de raison; mais où trouvez-vous que l'orgue soit autre chose qu'un instrument facultatif comme tout autre? N'y a-t-il pas des milliers d'églises qui en sont privées? Si vous appelez cela חקת הגוים, alors les israélites d'Orient devraient se présenter nu-tête dans leurs synagogues, par la raison que dans les mosquées on ne peut paraître que tête couverte.

חק veut dire *loi*, Onkelos le traduit par נימוס, en grec *nomos*. Sur le passage du *Lévitique*, XVIII, 3 : ובחקתיהם לא תלכו, Wessely commente, d'après Joseph Koron : כגון אם חקקו להם שהמתפלל לשקוץ ילבש בגד אדום או ירוק או עשוי בתמונה ידועה. Traduisez : « Débarrassez-vous de votre soutane noire boutonnée de haut en bas, de votre rabat, de votre barette, de votre toque et de votre calotte (1). » C'est bien là ce que le commentateur veut dire : אפילו לבבכם לשמים. Voilà le חקת הגוי, et vous faites très-bien d'aviser à un changement de costume après cinquante ans, nonobstant les plaisanteries du *Ieschurun*.

Mais il y a des usages que vous pouvez hardiment imiter, et

(1) La petite calotte peut être judaïque, car si Elisée avait été coiffé du turban, les petits gamins ne se seraient pas aperçus de sa calvitie. Quant à Moïse, les maladroits peintres lui ayant donné des cornes au front au lieu de faire luire sa face, ne pouvaient plus le représenter que *nu-tête*, contrairement au ש"ע et aux usages orientaux.

l'orgue est de ce nombre. Déjà le Talmud (*Sanhédrin*, 39), frappé de cette contradiction du prophète qui reproche à ses contemporains de s'être conformés aux mœurs des Gentils, et les blâme ailleurs de s'en être écartés (Ezéchiel, V, 7; XI, 12), concilie les deux passages en paraphrasant : « Vous vous êtes conformés à ce qu'ils ont de mauvais, et écartés de ce qu'ils ont de bon. »

Puissiez-vous, ô mes coreligionnaires! avoir à la synagogue l'ordre, la discipline, la décence, le respect et la ferveur que montrent nos frères chrétiens à l'église, alors vous serez en droit de vous dire conservateurs, tout en vous écriant : וכמשפטי הגוים נעשה!

Rabenou Nissim dit positivement : לא אסרה תורה בחוקות של ע"ז אלא דברים של הבל, אבל דברים של טעם שרו ר"ן sur ע"ז f° 331

« La loi n'a interdit dans les usages idolâtres que des » choses de néant; mais des pratiques fondées en raison, » sont permises. »

Nous lisons aussi dans les annotations sur Maimonides :

אין להוסיף מסברא על מה שמנו חכמים שהיתה קבלה בידם שהן מחוקת העכ"ום (הגהות מימוניות הלכות עכ"ום פ' י"א)

« On ne doit pas, par induction, surenchérir sur le nom- » bre traditionnel compté par nos sages comme pratiques » idolâtres. »

Quelque modéré qu'on soit par caractère, on est forcé quelquefois de sortir de la prudente réserve qu'on voudrait s'imposer quand les casuistes méticuleux soulèvent des objections où l'absurde le dispute au ridicule, comme si c'était d'eux seuls qu'il fallait s'occuper lorsqu'il s'agit de restaurer le culte, d'y ramener par l'ascendant de l'art une génération toujours progressive, que des siècles séparent déjà de ce que nous étions il y a cinquante ans, et qui, de jour en jour, gagne du terrain.

« Nous concéderions à la rigueur, » disent les gros bonnets des partisans du *statu quo*, « l'introduction de l'orgue dans nos » temples, puisque nous en avons l'exemple dans les syna- » gogues d'Espagne, de Corfou et de Prague; mais quel sen- » timent religieux peut produire sur un cœur israélite un ins- » trument touché par les mains d'un non israélite? »

Voilà, certes, une question d'esthétique non prévue par

Kant, Lebatteux, Schlegel, Herder, Mendelssohn, etc., qui, dans leurs théories du beau, du sublime, de l'extase poétique et musicale, n'ont pas songé à faire dépendre de la foi de l'artiste l'effet de l'art sur le sentiment, la puissance du merveilleux sur l'organisme. Si l'orgue pleure, demandez-vous, avant de pleurer vous-même, si celui qui est caché derrière l'instrument partage vos opinions religieuses? Il pourrait bien être un israélite incrédule. Ce béotisme n'a rien de surprenant pour quiconque connait les allures de cette vieille génération qui s'en va.

Vous demandez quel effet peut produire sur le sentiment religieux un instrument touché par un non israélite? Je vous demande, à mon tour, si les Iduméens qui figurent dans le poème de Job sont Juifs? Et cependant ces héros vous touchent, vous édifient, vous arrachent des larmes, et les collecteurs du canon n'ont pas hésité de vous émouvoir pour et par des personnages complétement étrangers au judaïsme.

Pour donner une idée de la manière d'apprécier le sentiment religieux chez les hommes de cette classe, je rappellerai une scène d'école de mon enfance:

Le rabbi (je crois, ma foi, qu'il était Morénou), nous faisait traduire l'épisode d'Agar désolée dans le désert de l'inanition du jeune Ismaël. Ce touchant récit fit rouler de grosses larmes dans les yeux d'un petit camarade de six à sept ans, tout ému. — Pourquoi pleures-tu, maraud? demanda le pédagogue en colère. — J'ai pitié du pauvre Ismaël et de sa tendre mère. — Tais-toi, mauvais garnement, il n'est pas permis de s'apitoyer ainsi sur l'esclave et son enfant..... On voit que la sensibilité humaine est également soumise à la législation religieuse. Cependant, encore une fois, ce Job qui vous déchire le cœur, et ses trois compagnons, étaient Iduméens.

Hé quoi! vous voulez méconnaître ces lois du sentiment, cette métaphysique du beau à laquelle vous ne pouvez pourtant pas vous soustraire! Pourquoi שופט כל הארץ, ונתנה תוקף produisent-ils plus d'effet sur vous que le טל, le גשם et le הא שמע? Le עלינו que vous habillez trois fois par jour, est-il autre que celui qui entre dans l'office de ר״ה et de י״כ? Cependant, quand l'assemblée entière se jette à genoux devant le Très-Haut; quand l'ambassadeur de la communauté (ש״ץ) proclame à haute voix l'*unité absolue*, et que les fidèles répondent par acclamation: VÉRITÉ! dans ce moment solennel, vous sentez pourtant quelque chose d'autre que ce que vous éprouvez à la clôture de votre prière quotidienne. A quoi cela tient-il? N'est-ce pas au prestige de la représentation?

Pour mon compte, j'avoue franchement que tout charme est détruit quand j'entends שלא avec une longue pause, שם חלקנו כהם avec une plus longue suspension; puis, pour finale, la contre-vérité: וגורלנו ככל המונם, je ris sous cape, tellement il est vrai que du sublime au ridicule il n'y a qu'un pas.

Cette courte digression ne m'a pas trop écarté de mon sujet principal, savoir: si un cœur israélite peut se laisser impressionner dans les cérémonies synagogales par un instrumentiste qui n'est pas de sa foi. La possibilité de la chose est déjà prouvée par les ménétriers non juifs qui, par leurs airs lugubres, faisaient pleurer à chaudes larmes les jeunes époux et toute leur parenté qu'ils conduisaient sous le dais nuptial. Mais on peut demander aussi si ce sanctuaire, élevé par Salomon à la gloire du Dieu d'Israël, n'était pas l'ouvrage d'ouvriers païens qui ont imité dans cette construction le style égyptien, également païen! Et ne sont-ce pas des mains non israélites qui construisent encore aujourd'hui nos synagogues, qui fondent nos caractères d'impression, qui impriment nos livres hébreux, qui font pour nous, les sabbats et fêtes, tous les אבות מלאכות, qui éclairent nos synagogues, entretiennent le feu dans nos maisons, et quand il s'agit d'un simple שבות, d'une גזרה שמא יתקן כלי שיר, précaution qui ne peut s'appliquer qu'à l'israélite, votre logique vous fait repousser le non israélite?

Voici une de ces grosses vérités qui frappent les esprits les plus vulgaires et qui ne peuvent être contestées que par ceux qui nient le jour.

Comme nous venons de le voir, l'usage des instruments de musique n'est prohibé le jour du sabbat que par une mesure de précaution: il serait à craindre que l'artiste ne réparât son instrument dérangé, précaution qui suppose que tout organiste est luthier, ce qui n'est pas du tout le cas de nos jours. Mais en admettant même la possibilité de la chose, la défense de l'exécution musicale serait tout au plus applicable à l'instrumentiste isolé qui, se trouvant seul, pourrait, par oubli, s'exposer à la transgression de la loi sabbatique, danger qui n'est pas à craindre au milieu d'une nombreuse assemblée de fidèles.

Ce cas s'applique à une défense formelle d'une autre importance, celle *d'allumer le feu dans nos demeures le jour du sabbat.* (Exode XXXV, 3.) De crainte que, par inadvertance, on n'incline la lampe, שמא יטה, la lecture solitaire est interdite la nuit du sabbat, mais elle est permise quand on est à deux, vu qu'alors il y a surveillance réciproque. Or, si une telle concession a été adoptée pour préserver de la transgression d'une loi formelle, combien, à plus forte raison, ne doit-on pas adoucir, pour la musique synagogale, la précaution de la précaution! גזרה לגזרה!

Je ne prétends pas que l'orgue soit indispensable à la synagogue pas plus qu'à l'église, mais je soutiens que le rabbin qui veut l'interdire, sous prétexte de חקת הגוי, ment à sa science et à sa conscience, et nous méprise assez pour se moquer intérieurement de notre crédulité.

Du moment que l'introduction de l'orgue n'a rien de contraire à la doctrine, l'opportunité de son emploi n'est plus qu'une question administrative, et c'est aux Consistoires ou à leurs délégués à décider si leurs ressources financières leur permettent de s'imposer le sacrifice d'une telle emplette.

Ah! Messieurs, le temps de mettre la lampe sous le boisseau est passé. Vous ne pouvez plus brûler le מורה נבוכים ni le Pentateuque de Mendelssohn, attenter par piété à la vie de Baruch Spinosa, ni persécuter Eibschutz, ni empoisonner les jours de Wessely, ni même faire enterrer des cadavres encore fumants. Aujourd'hui, l'esprit de concession est la soupape de sûreté du judaïsme; seul il peut conduire à la conciliation; seul il peut faire rentrer au bercail les brebis égarées. ! עת לעשות לי״י

III.

LA PAROLE.

L'organisme de la parole est l'ouvrage du Créateur; les langues sont de convention humaine. — Anthropomorphisme. — Aucune langue connue, ne réunit les conditions d'une langue primitive. — Le Pentateuque n'est pas le livre le plus ancien du monde. — Ni paroles, ni caractères écrits ne peuvent rien contre le ciel ni contre l'enfer. — La Bible ne prescrit aucune formule de prière obligatoire.

Le langage humain, avons-nous dit, n'est autre chose que de l'air battu par les organes de la parole dont le Créateur nous a doués. Ce n'est que par convention que les mots deviennent les signes de la pensée, comme l'écriture, les signaux télégraphiques, la dactylologie, deviennent la représentation conventionnelle de la parole; comme, avant l'invention de l'écriture, les hiéroglyphes étaient les caractères symboliques de la religion, des sciences et des arts. Le peuple, nourri dans l'ignorance, adora l'image même, sans remonter à sa signification, comme ailleurs on adore encore la lettre sans s'attacher au sens. Dieu, en créant l'homme, l'a doué des organes nécessaires à l'émission de la pensée, comme il a doué tous les êtres vivants de l'instinct suffisant pour communiquer entre eux et pourvoir à leur existence. Si, pour me servir du langage du premier séducteur, les hommes pouvaient lire dans les cœurs les uns des autres pour en connaître le bien et le mal, ils seraient comme Dieu, et la communication par le mécanisme de la parole leur serait complètement inutile. Ce don distinctif de la race humaine a été sévèrement défini par un célèbre diplomate: *la parole,* disait-il, *a été donnée à l'homme pour déguiser sa pensée.*

En effet, ודבר אמת בלבבו, proférer la vérité telle qu'elle est dans le *cœur* (Ps. XV, 2), est une des onze bases de la religion, posées par le roi David (*Maccoth*, 23 *b*, 24 *a*); tandis que l'Ecclésiaste flétrit le parlage qui ne fait que fatiguer la *chair*, ולהג הרבה יגיעת בשר (Ecclés., XII, 12).

Les mots considérés comme sons qui frappent les oreilles, n'ont aucune valeur, aucune efficacité par eux-mêmes; ils n'ont de sens que par la signification conventionnelle que les différentes associations humaines y rattachent. La syllabe *Kalt*, par exemple, représente aux peuples germaniques l'idée de *froid*; dans les langues de la famille romane, cette même consonnance réveille l'idée de *chaleur*.

Combien n'y a-t-il pas même de mots qui, dans une même langue, ont souvent deux sens diamétralement opposés, tels que קדש en hébreu, et son équivalent *sacré* en français. און désigne la force; Dieu lui-même est appelé רוב אונים, comme collection de toutes les forces (Isaïe, XL, 26). Le même mot signifie le deuil, la douleur, la tristesse, בן אוני; enfin il se prend dans le sens de vanité, iniquité, idole, ואון ותרפים הפצר (I. Samuel, XV, 23); שחר clarté et obscurité; ברך bénir et maudire; רמה, élever et précipiter (Exode XV, 1), etc.

Un pasteur protestant me demanda un jour si תולה *Tholé*, est un des attributs de Dieu. — Mais certainement, la sainte Ecriture le qualifie ainsi: תלה ארץ על בלימה, *suspendant la terre sur le néant* (Job, XVI, 7).

Du moment qu'il est démontré que le langage humain n'est que le résultat de l'organisation de nos instruments phonétiques, ce n'est plus que par anthropomorphisme que nous prêtons la parole à la Divinité, comme nous lui prêtons un cœur, des entrailles, les forces matérielles, les qualités spirituelles que nous ne découvrons qu'en nous. L'imperfection du langage nous oblige de faire Dieu à notre image. Dieu *parle* ne signifie autre chose, si ce n'est que Dieu *inspire* à ses élus les bonnes pensées, les bonnes résolutions. Ceux-ci, en faisant connaître aux hommes les vérités dont ils sont inspirés, doivent nécessairement faire usage du langage connu. Moïse ne s'est sûrement pas servi de la même langue en parlant à Pharaon qu'en s'adressant au peuple d'Israël, quoiqu'il eût été, pour l'un comme pour l'autre, l'interprète de la volonté qui lui fut divinement inspirée. L'hébreu de Balaam égale celui de Moïse.

Si l'on pouvait attribuer la parole à la Divinité, tous les livres de la Bible seraient du même style. Quelle distance cependant entre la diction d'Isaïe et celle d'Ezéchiel!

Abrabanel, dans sa préface sur Jérémie, dit positivement que ce prophète ne possédait pas très-bien la langue, non plus qu'Ezéchiel. Donc l'inspiration seule vient de Dieu, la diction appartient exclusivement à l'homme. Prêter la parole à Dieu, c'est le rendre corporel, contrairement à notre troisième article de foi : אינו גוף ולא ישיגוהו משיגי הגוף

Si, à l'époque de Moïse, la langue française avait existé et qu'elle eût été celle du peuple de Dieu, force eût été au législateur divin de s'exprimer en cette langue, qui, par cela même, serait déclarée *sacrée* à l'exclusion de toute autre.

Voilà une idée bien hardie! Mais voici qui est plus hardi encore : il est aujourd'hui historiquement démontré que la langue sainte n'est autre que celle de ces peuples maudits, connus sous le nom de Cananéens. Le séjour prolongé de nos trois premiers patriarches dans la terre de Canaan leur a fait adopter la langue du pays. Cette langue n'était pas celle d'Egypte, puisque Joseph, pour simuler son identité, eut recours à un interprète entre lui et ses frères (Genèse, XLII, 23). Cet interprète n'était certes pas un descendant des patriarches. La famille de Jacob, qui alla coloniser Gossen, devait vivre isolée des Egyptiens, qui avaient en horreur la vie pastorale. Réduite plus tard à un dur esclavage, cette émigration n'a pas pu se confondre avec la société égyptienne, ni adopter la langue de ses oppresseurs. Cela s'est vu ailleurs, et même de nos jours, en Pologne, où une transmigration judaïque allemande du neuvième siècle, parle encore l'allemand de cet âge reculé, à l'exclusion du polonais.

Le hacham du parti orthodoxe de Hambourg, feu le docteur Bernays, a eu le courage de proclamer, dans son *Orient biblique* (*Bibelscher Orient*), que l'hébreu est la langue des anciens Cananéens. Il fonde son opinion, entre autres, sur le passage où Isaïe prédit à l'Egypte que *cinq de ses villes jureront par le Dieu d'Israël et parleront la langue de Canaan,* (Isaïe, XIX, 18), c'est-à-dire l'hébreu.

Cette assertion si neuve demandait vérification, et l'on a trouvé :

1° Que l'historien sacré parle bien de l'unité linguistique de la société primitive, שפה אחת, mais sans dire quelle était cette langue.

2° Que la langue primitive devait être essentiellement monosyllabique et onomatopique, deux caractères qui ne sont pas plus distinctifs pour l'hébreu que pour la masse des autres langues agglutinantes, tandis que le chinois est complètement monosyllabique. Ramener l'hébreu à la même condition, ce n'est qu'une simple conjecture amplement réfutée par les premiers grammairiens. Le retour au monosyllabisme suppose d'ailleurs une époque antérieure où le polysyllabisme n'existait pas encore; donc l'hébreu de la Bible est une combinaison humaine, et c'est ce que vous ne voulez pas admettre. Si la racine לחם, par exemple, est un composé de לח et חם; si שלחן est composé du ש préfixe ajouté à לחם transformé en לחן par la transmutation des lettres מן, cela suppose donc une époque antérieure à la nouvelle forme des mots. Quelle est cette époque, et quand cette révolution hébraïque a-t-elle eu lieu?

3° Que ceux qui considèrent le *Pentateuque* comme le livre le plus ancien, ne connaissent pas ou feignent de ne pas connaitre le *Ridj-Véda*, antérieur à Abraham, ni les lois de Manou, ni le grand poëme épique présenté à Rhamsès II, et qui célèbre ses vastes conquêtes, ni les livres des Sabéens, par lesquels Maimonides explique si bien l'esprit des lois cérémoniales de Moïse. On n'enfante pas non plus d'un seul jet des poëmes comme l'*Iliade* et l'*Odyssée*, sans avoir puisé à des sources d'une plus haute antiquité, à des documents préexistants.

Le *Pentateuque* n'est pas le premier livre de l'antiquité, mais il en est le plus sage, le plus rationnel.

4° Que les noms propres cananéens, soit des personnages, soit des lieux, sont purement hébreux: *Malki-Sedek*, roi de la justice; *Abimeleck*, père du roi; *Adoni-Bezek*, maître de l'éclair; *Kiriat-Sepher*, ville bibliographique; *Skèm*, שכם, épaule; *Balak*, destruction, etc., etc. Et qu'on n'objecte pas que ces noms aient été hébraïsés par les auteurs canoniques. Telle n'est pas leur manière. Ainsi des noms de *Pharaon*, roi; *Abrech*, *Ape-rech*, inclinez la tête; plus tard les noms perses des mois et même des noms communs, tels que *Ahastranim*, les dromadaires; *Ahastrapanim*, les satrapes, etc. Quand il arrive qu'un endroit change de nom, les écrivains sacrés ont le soin de l'indiquer, comme nombre XXXII, 38 et suiv. Josué, XV, 15; XIX, 47 etc.

5° Que Rabaské, général de Sanchérib, n'éprouve aucune difficulté de haranguer en *hébreu* les défenseurs de Jérusalem, malgré le manque de grammaire, de dictionnaire, de relations commerciales de la nation juive avec les autres peuples.

6° Que les médailles et les inscriptions phéniciennes les plus anciennes ne peuvent s'interpréter que par le secours de l'hébreu. Dans le *Pœnulus*, ouvrage précieux pour la langue punique, Plaute fait parler au héros de la pièce le langage de קרתא חדשה ou Carthage (colonie phénicienne). Quoique cet idiome soit corrompu sous la plume du comique latin, les philologues n'y découvrent pas moins le fond hébreu.

Mais le monument le plus curieux que l'antiquité nous ait légué, c'est le sarcophage et l'inscription funéraire d'Esmanasar, roi de Sidon, trouvés sur le sol de la Phénicie même. Notre savant orientaliste, M. Munck, a remarqué, dans la clairvoyance de son esprit, que cette longue inscription phénicienne n'est que de l'hébreu pur, et que pour la lire, il n'y avait rien autre chose à faire qu'à donner aux caractères puniques la forme de nos lettres hébraïques usuelles. C'est ce qu'il a fait avec le plus grand succès. Cette page de la littérature phénicienne est tellement biblique, pour le langage comme pour le style, que, fût-on de la plus grande partialité, on se verrait encore forcé de s'écrier : c'est cela ! On ne saurait deviner plus juste.

Tous les efforts des exégètes n'ont abouti qu'à nous démontrer par des dérivés, tels que אישה de איש, חוה de חי, קין de קנה etc., que le texte sacré est original, et ne saurait être la traduction d'aucune autre langue.

Si ce n'est que par antropomorphisme que nous faisons *parler* Dieu aux hommes ; si dans notre langage, restreint à nos idées matérielles, nous lui attribuons le système physique de nos organes vocaux, nous ne pouvons que dans le même sens lui attribuer des organes auditifs ; *Dieu écoute, entend, exauce*, signifie Dieu connaît notre sincérité, nos plus secrètes pensées, lit dans les replis les plus sombres de notre conscience, nous tient compte de nos mérites, nous réserve la récompense des sacrifices que nous faisons à la vertu. Poudre et poussière que nous sommes, il ne nous est pas donné de rien comparer à son infinité divine. Nous pouvons plutôt interroger la goutte d'eau microscopique sur la profondeur et l'étendue des mers, l'imperceptible atome sur la grandeur et la distance des astres, que de nous faire la moindre idée de l'infini. לך דמיה תהלה s'écrie le Psalmiste (Ps. LXV, 2), *le silence fait ta louange*, parce que, dit Raschi, *ta louange est sans bornes :* plus on te glorifie, plus on semble t'abaisser, השתיקה תהלה לך לפי שאין קץ לשבחך והמרבה בשבח אינו אלא כגורע.

Cependant telle est la triste condition de la faiblesse humaine que, dès les temps les plus reculés, le charlatanisme, exploitant la superstition, faisait attacher un effet magique à la puissance et à l'efficacité de paroles incomprises, de quelques formules barbares avec lesquelles on prétendait conjurer le ciel, détourner ou invoquer de prétendues puissances malfaisantes qui peuplent l'air, guérir les maladies, etc. Déjà les magiciens appelés à la cour d'Aménophis II, luttent contre Moïse et Aaron par des *paroles occultes* בלהטיהם, mot qu'Onkelos traduit par בלהשיהון, de לחש, paroles dites à voix basse (Exode VII, 11).

C'est par un moyen analogue que Balak voulait détourner des Moabites l'invasion de l'armée d'Israël en demandant la malédiction de ce peuple au magicien Balaam.

Cette dégradation de la majesté divine, qui fait subordonner le Tout-Puissant aux vains caprices, à la bonne ou à la mauvaise volonté, aux stériles conjurations de l'homme, par la vertu de quelques mots barbares ou du moins incompris par les charlatans qui exploitent la crédulité, cette dégradation blasphématoire, stygmatisée par Moïse et les prophètes, a encore aujourd'hui sa racine dans les rangs infimes de la société.

Aussi le législateur des Hébreux a-t-il été très-sobre en formules de prières: le *Schema* n'en est pas une; c'est une sublime exhortation adressée au peuple sur l'amour de Dieu. Nous ne trouvons dans le *Pentateuque* aucune prière de vive voix pour accompagner même les sacrifices (1). La formule récitée à l'offrande des prémices ne contient qu'un souvenir

(1) Voyez d'intéressants détails à ce sujet, *Geschichte des Volkes Israel*, etc., *von Dr L. L. Herszfeld, braunschweigischer Landsrabbiner*, ch. III, pages 106 à 129.

historique suivi d'une simple prosternation (*Deuter.*, XXVI, 5-10). A plus forte raison Moïse, dans ses hautes conceptions de la Divinité, n'a-t-il rien prescrit de fixe, soit sur la forme, soit sur l'heure, soit sur la langue des prières, laissant à chacun le soin d'invoquer le secours d'en haut suivant ses propres inspirations et la nécessité des circonstances. *N'opprimez pas la veuve et l'orphelin, car, s'ils crient vers moi, je saurai bien les entendre* (Exode XXII, 21, 22). Hanna, dans sa profonde affliction, prie mentalement en versant d'abondantes larmes au tabernacle de Shilo. La chose paraît tellement étrange au souverain pontife qu'il prend cette femme pour une personne ivre. On prétend que c'est parce que la prière à voix basse n'était pas usitée; la preuve qu'il n'en était pas ainsi, c'est que le prophète Elie, pour se moquer des prêtres de Baal, leur dit ironiquement : Criez à haute voix, peut-être votre dieu dort-il, et il s'éveillera (1. *Rois*, XVIII. 27).

A la vérité les cantiques sacrés de Moïse, David, Asaph, Héman, Ethan, des enfants de Corah, etc., touchent vivement nos cœurs, élèvent notre âme; nulle part on ne parle plus dignement de Dieu, de sa grandeur, de sa sainteté, de sa miséricorde et de sa providence; mais quelle que soit la majesté poétique de ces chants si divinement inspirés, si supérieurs à tout ce que l'antiquité a produit de plus lyrique, ils ont toujours été considérés comme prières *facultatives;* jamais on ne les a reconnus comme *obligatoires*.

IV.

LA PRIÈRE.

Superstitions populaires. — L'adoration intellective propre à les déraciner. — Variantes successives du formulaire de dévotion. — Remontrance de Chanina. — Dispositions nécessaires à l'oraison. — Pourquoi la prière n'est plus que machinale. — Première cause. — Esdras réformiste dans l'intérêt du peuple ignorant. — Réforme des Juifs hellénistes. — Version des septante. — Le temple d'Onias. — Philon et son influence sur la philosophie du judaïsme.

Longtemps après le retour du premier exil, les superstitions idolâtres exerçaient encore un tel empire sur les esprits vulgaires, qu'au temps des Asmonéens mêmes, les soldats juifs morts en combattant Gorgias, sous le commandement de Judas Macchabée, et qui succombaient pour la cause sacrée de la patrie et de la religion, ces mêmes soldats avaient chacun sous sa tunique, comme préservatives, des choses consacrées aux idoles de Jamnia (Fl. Joseph, *Des Antiquités*).

Alors les hommes, interprètes de la loi, remarquant qu'en laissant au vulgaire la facilité de prier selon sa dévotion particulière et selon l'égarement de ses conceptions, il se mêlait dans ces prières des idées étrangères, des vœux impies, des invocations contraires à la sainteté de cet exercice, formulèrent, en style très-simple, dix-huit actions de grâces se rapportant à tous les besoins de la vie, pour être récitées ou écoutées chaque jour, excepté les sabbats et les fêtes, où le nombre en fut réduit.

Ces bénédictions ne pouvaient pas avoir été alors ce qu'elles sont aujourd'hui. Lorsque le grand Sanhédrin fonctionnait souverainement à Jérusalem, et les tribunaux inférieurs, dans toutes les provinces de la Judée, on ne pouvait pas dire
השיבה שופטינו

On ne pouvait pas faire des vœux pour la restauration de Jérusalem, quand, sous les rois asmonéens, le pays avait recouvré toute son indépendance, et s'était étendu bien au-delà de ce qu'il avait été sous les rois de la race de David.

Qui aurait osé, sous la tyrannie de ce monstre couronné qui s'appelait Hérode, invoquer le ciel, dans les prières publiques, pour le rétablissement de la maison de David ? את צמח דוד

Pouvait-on dire והשב את העבודה לדביר ביתך, lorsque la caste sacerdotale déployait plus de zèle et d'ardeur dans le service du culte qu'à aucune époque du premier temple ?

Il faut donc conclure que si les dix-huit bénédictions remontent au grand synode, et, comme on le prétend, jusqu'à Esdras même, elles ont dû subir ultérieurement de nombreuses variantes, autrement comment le texte du rite oriental, dit portugais, serait-il différent de celui du rite occidental ?

Le fait est que, comme institution, תקן, les dix-huit bénédictions ne remontent pas au-delà de Gamaliel Ier, qui, sous l'oppression romaine, vers la fin du second temple, s'était retiré à Jamnia, יבנה ; là il fit mettre en ordre, par Simon Happikouli, (marchand de coton), ces dix-huit bénédictions (*Berachoth*, fo 28 *b*).

Il paraît cependant que les premiers officiants n'avaient pas toujours respecté la leçon du texte. Suivant l'axiome : *trop d'abondance ne nuit pas*, un individu, qui avait officié devant rabbi Chanina, se complut à ajouter sept épithètes aux trois attributs joints au nom divin au commencement de cette prière ; le rabbi attendit qu'il eût achevé, après quoi il l'apostropha en ces termes : « As-tu fini avec les louanges de ton Seigneur ? Si » Moïse ne s'était servi de ces trois attributs ; si la Synagogue » primitive ne les avait consacrés dans la prière, nous n'aurions » pas pu nous permettre de les dire, et toi tu en dis tant et tu » crois avoir achevé ! » (*Berachoth*, 33 *b*).

Pauvre rabbi Chanina ! qu'eût-il dit dans une de nos synagogues orthodoxes ?

Nos anciens sages attachaient beaucoup plus d'importance à la qualité qu'à la quantité, à l'intention qu'à la forme ; aucune distraction, aucune préoccupation ne devaient présider à la prière, et voilà pourquoi en étaient dispensés le nouvel époux au jour de son mariage, les plus proches parents avant l'inhumation d'un décédé, etc. Il fallait se recueillir avant de prier, pour diriger le cœur vers notre Père céleste. Nos premiers ascètes, au milieu de leur contemplation, n'auraient pas répondu au salut d'un roi, ni reculé à la morsure d'un serpent. De là ces nombreux axiomes : « La prière sans recueillement est un corps sans âme ; mieux vaut peu avec ferveur que beaucoup sans ferveur ; toute langue est propre à la prière יכול להתפלל בכל לשון · si vous ne savez pas prier vous-mêmes, associez-vous d'intention au ministre de l'assemblée (1) שליח צבור מוציא את הרבים ; celui qui élève sa voix dans la prière rabaisse sa foi, est prophète mensonger ; המשמיע קולו בתפלתו הרי זה מקטני אמנה . המגביה קולו בתפלתו הרי זה מנביאי שקר (*Berachoth*, 24 *b*) ; la prière ne doit être ni une coutume, ni une charge, ni une affaire de simple habitude תפלה קבע, » etc., etc.

Toutes ces idées, si conformes à la piété, à la vérité, à la sagesse, au bon sens et à la saine raison, sont depuis long temps complètement écartées ; peut-être est-ce cette conformité même qui y a fait renoncer ; car il n'y a que le théologien dégénéré pour avoir recours à toutes les ressources de sa raison à lui, et mettre à néant toute la puissance de la raison universelle, de cette raison qui fait de l'homme le roi de la création, l'image de Dieu sur la terre.

Si nous nous appliquons à étudier dans leurs sources cette disparition de toute ferveur, de tout recueillement, de toute componction dans nos prières ; ce dégoût des uns, cette impatience des autres ; l'absence de cette disposition qui fait considérer l'adoration comme un besoin du cœur, un épanchement de l'âme, et non pas comme un fardeau pesant dont on cherche à se débarrasser le plus tôt possible ; cette volubilité avec laquelle on rumine cinquante pages en un quart d'heure et qui étouffe toute onction ; cet empire de la routine qui pousse machinalement le commun des martyrs vers le pavillon sacré comme la brute se dirige vers la crèche ; si nous remontons à la source

(1) Mais si le ש"ץ sait encore moins que les רבים ? C'est ce qu'on n'a pas supposé. Le vrai n'est pas toujours vraisemblable. Nous avions à Metz, dans le dernier siècle, un camionneur hollandais à voix de Stentor ; on en a fait un officiant, après lui avoir fait donner des leçons de lecture aux frais de la communauté, et il savait juste lire d'après la routine et crier.

de cette anomalie caractéristique et sacrilège, nous l'attribuerons à trois causes :

1° A l'inintelligibilité de la langue dans laquelle on prie ;

2° A l'ignorance des vrais principes de la religion ;

3° A la longueur et à la multiplicité des offices.

Examinons ces trois points si essentiels :

Le parfum veut être répandu et non scellé, je ne dis pas sous le cristal, qui le fait apparaître encore à la vue, mais sous le plomb qui le cache complètement.

Quand Esdras, au bout de soixante-dix ans, (et qu'est-ce que soixante-dix ans dans la vie d'une nation ?) retrouve le peuple hébreu chaldaïsé au point d'avoir oublié non-seulement la langue parlée, mais aussi la langue écrite, il fit de nécessité vertu en remplaçant le מכתב אלהים par l'écriture chaldaïque. Si, par impossible, Moïse ressuscitait aujourd'hui, il serait peut-être obligé, à moins d'aller chez les Samaritains, de se mettre à notre alphabet pour pouvoir lire son texte. Si l'exemplaire autochtone de la loi, enfoui par Jérémie, était par hasard découvert, ce serait un rouleau profane ; on l'enfouirait de nouveau ; l'usage en serait déclaré illicite. Esdras ne s'en tint pas à la transformation de l'alphabet hébreu : qu'est-ce que la lettre morte peut avoir de commun avec l'intelligence ? Il institua le drogman, מתורגמן, pour interprêter la loi au peuple, et la preuve qu'on le comprenait, c'est que tout le monde se mit à pleurer en entendant cette lecture. Est-ce à dire que personne ne savait plus lire l'ancien hébreu ? ne comprenait plus la langue de Moïse ? Ce serait une supposition absurde. Les plus beaux psaumes: בשוב ה׳, על נהרות בבל, באו גוים בנחלתך (Ps. 71, 74, 79, etc.) ont été composés pendant ou après l'exil. Néhémie, Aggée, Zacharie, Malachie, les cent vingt membres du grand synode, et certainement les scribes, סופרים, n'avaient oublié ni leur langue, ni leur écriture, qui se retrouve encore sur les médailles asmonéennes. La réforme d'Esdras n'était donc d'aucune utilité pour des hommes qui pouvaient se mesurer avec lui ; mais ils en reconnaissaient toute l'opportunité, non pas pour eux, mais pour le peuple qu'ils aimaient plus qu'eux-mêmes ; ils ont su condescendre à ce qu'exigeait la nécessité, sans soulever des orages, sans semer des dissensions, et ils étaient pourtant à plus de neuf ! Mais l'esprit de l'époque avant tout, et, comme l'ont dit nos sages : פעמים שביטולה של תורה זהו קיומה L'abrogation de la loi est souvent dans l'intérêt de la loi. Ce qu'Esdras avait fait pour la forme de l'écriture, l'immense population juive de l'Egypte l'a fait, plus tard, pour la langue de la liturgie.

La première transmigration d'Egypte date du meurtre de Gadaliahu. Craignant les effets de la vengeance du roi de Babylone, toute la population de Jérusalem chercha sa sûreté en Egypte, et obligea Jérémie et Baruch à l'y suivre. Confondus avec les autres habitants du pays, ces réfugiés n'ont pas d'histoire. (On ignore même l'époque de la mort de Jérémie et de son disciple). Leur rôle ne commença que sous Alexandre le Grand. Ce conquérant, voulant peupler la vaste ville d'Alexandrie qu'il venait de fonder, y établit une immense colonie juive avec tous les droits des Grecs et des Egyptiens. Les juifs y vécurent en bons citoyens, en sujets fidèles aux souverains d'Egypte et aux lois de l'Etat, se livrant à toutes les professions, exerçant les fonctions publiques, servant la nouvelle patrie en bons soldats.

Leur liberté religieuse, jointe à l'égalité civile, y fit affluer par milliers leurs frères de toutes les parties de la Judée. Le grec était la langue de leur liturgie. L'hébreu leur devint tellement étranger, que lorsque Ptolémée Philadelphe, désirant une traduction du Pentateuque, dans le double but d'enrichir la bibliothèque d'Alexandrie et de doter les congrégations d'Egypte du livre de leur loi, dont elles n'entendaient plus la langue originale, il se vit obligé de confier ce soin à des interprètes de Jérusalem, malgré les nombreux juifs répandus dans ses états.

Quand Onias se vit repoussé de son droit légitime à la souveraine sacrificature, par l'usurpation de ses oncles Jason et Ménélaüs, dont le premier se signala par l'abolition du culte et des coutumes judaïques, et le second, par l'érection de la statue de Jupiter Olympique dans le saint des saints, ce pontife, exclu de la dignité de son père, alla se jeter dans les bras de Ptolémée Philométor, et, pour sauver le culte, menacé de s'éteindre sans le dévouement des Macchabées, il fit bâtir un temple au vrai Dieu, dans la préfecture d'Héliopolis, sur le modèle de celui de Jérusalem; y établit des prêtres et des lévites qui y faisaient le même service, pratiquaient les mêmes cérémonies que dans le vrai temple, alors souillé par l'idolâtrie. Il n'y avait d'autres différences que dans l'usage de la langue grecque, que les fidèles comprenaient, en place de l'hébreu qu'ils ne comprenaient plus. Après la ruine de Jérusalem, Vespasien, craignant que les juifs ne se retirassent en Egypte et ne fissent d'Héliopolis leur nouvelle métropole, dépouilla le temple d'Onias de tous ses précieux ornements et en fit fermer les portes.

Les juifs alexandrins, quoiqu'ignorant la langue hébraïque, n'étaient ni moins savants ni moins attachés à la religion que les Jérusalémites, divisés par l'esprit de secte, la guerre intestine et tous les fléaux de la discorde. M. Graetz a savamment développé l'histoire littéraire de l'époque alexandrine. Si l'on écrit pour être lu, les ouvrages de Philon, surnommé le Platon des juifs, attestent le degré de culture de ses frères en religion. Marchant sur les pas d'Aristobule, Philon s'attache, comme ce dernier, à concilier le platonisme avec le mosaïsme. De là ce système théosophique, avant-coureur de cette école où se sont illustrés plus tard les Saadia, les Maïmonides, les Bachaï, les Juda Levy, les Albo, etc., etc.

Il est à remarquer que ce même Philon, dont l'éloquence a captivé le sénat romain, est assez modeste pour s'avouer luimême piètre hébraïsant, ce qui se voit d'ailleurs par ses citations bibliques, toujours puisées dans la version des Septante, là même où ils se sont trompés. C'est que les savants de la Synagogue primitive n'avaient pas la morgue pédantesque, le ton méprisant des plus minces théologiens systématiques des temps modernes qui, par exemple, sans savoir un mot de chimie, se croient de force à discuter sur la nature de la matière fermentable avec un Lavoisier, un Berzélius, un Schœnbein, etc.

V.

PHARISAÏSME ET RABBINISME.

Les pharisiens sont de toutes les sectes. — Franchises, modesties et humilités des rabbins de l'époque talmudique. — Leurs travaux rédigés en idiome populaire. — Ils veulent qu'il en soit de même de la prière. — Grave question aux apologistes du statu quo. — Moyen de sauver le décalogue. — 2e et 3e cause de nos prières routinières. — Vice de l'enseignement. — Ambition de l'ignorance. — Effet magique de la nasale *ein*. — Prières à la *vapeur*.

Nous avons dit que les pères de la Synagogue primitive se distinguaient par la modestie et l'humilité, et n'avaient ni la morgue pédantesque, ni le ton méprisant de nos plus minces théologiens systématiques, qui veulent nier l'évidence.

On se figure d'ordinaire le *rabbinisme* avec toutes ses libertés de discussion, d'après la peinture que fait l'Evangile des *pharisiens*. « Ils ressemblent à des sépulcres blanchis qui paraissent « beaux au dehors, mais dont l'intérieur est putrifié. » Les deux Talmud vont bien plus loin: ils flétrissent des sobriquets les plus burlesques, l'orgueil, l'arrogance, l'hypocrisie et la suffisance des soi-disant pharisiens. On en distingue sept classes: 1° Ceux qui, comme Sichem, n'accomplissent les pratiques dévotes que pour satisfaire impunément leurs passions, פרוש שכמי; 2° ceux qui cheminent sans lever les pieds et se heurtent contre tous les obstacles, נקפי; 3° ceux qui baissent les yeux, de crainte de rencontrer une personne du sexe, קיזאי; 4° les *courbés*, pour ne pas repousser de leur tête les pieds de la Majesté divine, מדוכיא; 5° les *endettés*, qui se croient toujours au-dessous des pratiques de la loi, מה חובתי ואעשנה; 6° ceux qui n'agissent que pour l'amour des récompenses, מאהבה; 7° ceux qui n'ont d'autre vue que d'éviter des châtiments, מיראה. (*Sotah babylonien*, f° 20 et 22 *b; Id. Jérusal., Berachoth Jérusal.*, 13 *b.*) Fuyez, ajoute le Talmud, ces visages fardés, צבועין, qui commettent le crime de Zimri et réclament la récompense de Phinées.

En voyant comment les Rabbins traitent les pharisiens, il n'est plus permis de les traiter eux-mêmes comme tels. Le fait est que le pharisaïsme ne s'est jamais éteint, et qu'aujourd'hui, comme toujours, il se trouve dans toutes les sectes, dans toutes les religions, chez toutes les nations. Mais la modestie, l'humilité, l'aveu sincère de ses défauts, de ses fautes et de son ignorance, sont franchement recommandés et pratiqués par les docteurs : מאוד מאוד הוה שפל רוח. *Tu ne saurais être assez humble*, s'écrie Rabbi Lévitas. (*Aboth*, IV, 4.)

Rabbi Zéra, qui pouvait se faire un grand nom dans la discussion en portant à l'Académie palestinienne les lumières de Babylone, s'imposa, au contraire, le jeûne d'une quarantaine pour dompter sa passion dans la dispute. (*Baba Mezia*, f° 85 *a*.) C'est que les docteurs de la Palestine étaient doux et affables entre eux. (*Sanhédrin*, f° 22 *a*). L'école de Hillel ne l'emporte sur celle de Samaï que parce que les disciples de celui-là ne discutaient qu'avec calme et aménité, נוחין ועלובין, tandis que ceux de Samaï, comme leur maître, étaient durs et querelleurs....

Les docteurs de la phase talmudique, en prêchant la modestie, donnaient souvent, avons-nous dit, l'exemple de la plus profonde humilité. Rab Kahana, l'un des plus éminents talmudistes, avoue avoir su à dix-huit ans le Talmud entier, sans se douter que la Bible pût s'interpréter d'après le sens littéral (Sabbath, 63 *a*). Rabbi Chanina, demandant un jour à rabbi Chiia-bar-Abba pourquoi la promesse des jours heureux (ולמען ייטב לך), en récompense du respect filial, se trouve dans le second Décalogue (Deut., V, 15), et non pas dans le premier (Exode XX, 11), rabbi Chiia lui répond dans sa simplicité : « Au lieu de me demander *pourquoi*, il fallait me demander *si*, puisque j'ignore s'il en est ainsi ou non. » (Baba Kamma, f° 54 *b*, 55 *a*.) Aben Esra aurait répondu que le premier Décalogue est l'ouvrage de Dieu ; le second, celui de Moïse, qui s'est contenté de reproduire les idées sans s'attacher à l'expression. (Voir son commentaire sur זכור ושמור)

Que prouvent ces exemples et cent autres pareils, si ce n'est la déclaration franche et sincère על הן הן ועל לאו לאו ; le candide aveu de son insuffisance dans la connaissance du texte sacré, s'agit-il du Décalogue même.

Je crois cependant que les compilateurs de la vaste encyclopédie talmudique étaient de force à l'écrire en hébreu ; s'ils ne l'ont pas fait, c'est une preuve de plus de leur condescendance aux exigences du temps et aux besoins du peuple. Il fallait se rendre intelligible à la classe vulgaire, et, renonçant à tout amour-propre, on n'a pas hésité à adopter le langage populaire alors en usage et composé d'un mélange d'hébreu, de chaldéen, de syriaque, d'arabe, de persan, de grec et de latin. (Voir Ben Zew, introduction à son Dictionnaire hébreu, troisième époque littéraire.)

Et voilà pourquoi Onkelos a donné de la Bible une version chaldéenne ; pourquoi nos contrats de mariage כתובה, les actes de divorce גט, le כהא לחמא, le יקום פורקן, le כל נדרי, les plus saintes prières קדיש, קדושת ובא לציון etc., ont été rédigés en syro-chaldéen, pour que nous autres עמי הארצות nous comprenions. L'entendez-vous, lecteur bénévole? (Voir Tosephoth Berachoth, 5e du fo 3 *a*.) L'axiome est aussi palpable que ceux de la géométrie.

Quant à nos prières, et notamment nos prières publiques, tous nos rabbins, sans exception aucune, depuis les docteurs de la Mischna jusqu'à nos décisionnaires les plus rigoureux des temps modernes, tous sont d'accord qu'elles peuvent et même qu'elles doivent se faire en *langue vulgaire*. Le Talmud dit formellement : תפלה בכל לשון , שמע בכל לשון

Pour ne pas répéter des textes que j'ai rapportés ailleurs dans leur intégrité (voir *Archives israélites*, 1850, p. 606), je me contenterai de simples renvois.

Raw Juda, au nom de Raw, d'après la tradition (דתנן) ; *Talmud, Traité Sabbath*, fo 12 ; Isaac Alphaz (Al-Fez) ; Rabenou Asser et son père (voir leur décision), *Traité Berachoth*, annexe, fo 67 *b* ; Rabenou Jacob dit : בעל הטורים, même annexe, fo 82 *b* ; Maïmonide dit Rambam, הלכות ק״ש, chap. II, décision 10 ; Joseph Karo, א״ח ש״ע, 101, 4.

Horwitz, של״ה, pages 249, 256, 258, et son commentateur דרך חיים, page 250. Voici les propres paroles de ce dernier : כשיתפלל בלשון שרגיל בה ר״ל שמשמש בה כל היום לכל צרכיו יקל עליו לבוין , וכשיתפלל בלשון אחרת אע״פ שיבין מה שיאמר לא יקל עליו כל כך · הלא תראה בט׳ באב אפי׳ המבינים היטב בל״הק מתפעלים יותר בקינה אחת בלעז מעשרה בל״ה״ק :

« En priant en langue usuelle, c'est-à-dire celle dont on se
» sert toute la journée dans toutes ses affaires, le recueillement
» est facile; il n'en est pas ainsi pour la prière en langue étran-
» gère : dût-on la comprendre, le recueillement n'y serait pas
» aussi aisé. Ne vois-tu pas, le 9 d'Ab, que ceux mêmes qui
» entendent parfaitement l'hébreu s'impressionnent cependant
» plus par une seule complainte en langue vulgaire que par
» dix en langue hébraïque ? »

Je laisse de côté cent auteurs dont on pourrait contester l'autorité, cent satires et épigrammes de nos poètes anciens et modernes, contre nos perroquets et nos sansonnets ; mais je ne puis résister à la tentation de citer encore un seul auteur : c'est celui du ספר חסידים ! *le livre des dévôts par excellence*, §§ 588 et 785 où il est dit : « Que ce sont surtout les prières
» obligatoires qu'il est essentiel de réciter en langue maternelle,
» et que *mieux vaut ne pas prier du tout que de prier dans*
» *une langue que l'on ne comprend pas.* »

Après avoir énuméré cette pléiade rabbinique, depuis ceux qui étaient pénétrés de la vraie philosophie religieuse jusqu'aux illuminés de la science cabalistique ; depuis les Tanaïm jusqu'au ש"ע, il ne reste plus qu'une seule difficulté à résoudre. On sait qu'aux époques respectives de ces astres de la Synagogue, l'hébreu était déjà consacré, non pas comme *minhagh* local, mais comme langue de la synagogue universelle. Or, ces grands hommes n'auraient pas dû ignorer ce que savent aujourd'hui neuf parisiens, savoir : « Nulle assemblée, dût-elle être com-
» composée de tous les rabbins, de tout israël avec les rabbins,
» n'a ni le pouvoir, ni le droit d'abroger ou de modifier la
» moindre partie de la loi tant orale qu'écrite, ni des *institu-*
» *tions ou réglements introduits* (1). » Comment donc ces hommes voulaient-ils faire seuls ce que ne peut tout Israël réuni ensemble ? וצרך עיין.

D'un autre côté, puisqu'il s'agit d'institutions ou règlements

---

(1) Voilà précisément le système préconisé par les fervents catholiques. « La foi catholique est indivisible : on ne saurait abjurer un » de ses dogmes sans cesser d'être chrétien. » (*Gazette de France* 28 octobre 1858.)

introduits, ces choses ont donc eu un commencement ; elles n'existaient pas antérieurement à leur *introduction*. Comment donc a-t-on pu introduire des innovations, choses que ne peuvent faire tous les rabbins réunis à tout Israël ? Notre célèbre Eibschutz a demandé pourquoi le Décalogue n'est pas inscrit dans nos תקנים (coutumier). Comprenez-vous ?

On a beau se tourmenter l'esprit, se demander comment l'être pensant a pu condescendre au rôle de machine à parole ; par quelle aberration le besoin d'adoration, tout de sentiment, a pu se transformer en jeu d'automate ? On ne saurait trouver la source de cette extravagance que dans la seconde cause que nous avons indiquée plus haut, savoir : *l'ignorance*, compagne inséparable de l'orgueil.

Depuis les tristes jours où les israélites avaient été dépouillés de toutes les prérogatives sociales, ils se constituaient, là où ils étaient tolérés, en petites républiques, nommaient eux-mêmes leurs chefs religieux, judiciaires, administratifs. Leur seule ambition se réduisait à briller dans la science talmudique, sans y être préparés par aucune étude préliminaire ; c'est tout comme si, impatient de savoir l'arithmétique, on commençait par la règle de la division sans aucune notion de la numération. On sent le fruit que devait produire un pareil enseignement. C'est à peine si sur dix élèves un seul parvenait, à force de veilles et de persévérance, à une connaissance talmudique, qui n'était accompagnée d'aucune autre. Cependant chaque enfant était destiné à devenir rabbin, du moins à être initié aux études rabbiniques : être *am haaretz* (ignorant), c'était le plus grand déshonneur. Le premier degré de l'étude, c'est la lecture. Tout enfant apprenait donc à lire par routine, mais sans aucune intelligence de l'expression hébraïque. Dans les petites sociétés isolées, les ambitions s'agitent beaucoup plus que dans les grandes. Chaque riche voulait devenir syndic ; tout *chaber*, *morénou ; tout am haaretz*, *chaber*. C'eût été afficher son ignorance que de se présenter dans une synagogue avec un livre d'office en langue intelligible, de prier autrement que les érudits de l'assemblée ; de là l'abus de s'abêtir à la niaiserie la plus absurde plutôt que de reconnaître son insuffisance ; et comme, en pareil cas, la pensée est toujours ailleurs qu'à la prière, où il n'est pas permis de s'interrompre par la conversation, on a créé la nasale *ein*, qui, accompagnée du langage mimique, rend absolument toutes les idées qu'on voudrait exprimer, et c'est ainsi que les entretiens peuvent avoir lieu pendant la prière même, pourvu que les lèvres frappent des mots hébreux ou syro-chaldéens : יען כי נגש העם הזה בפיו ובשפתיו כבדוני ולבו רחק ממני ותהי יראתם אתי מצות אנשים מלמדה, לכן .. (Isaïe, XXIX, 13, 14). (Prière au lecteur de recourir au texte de ce remarquable chapitre qu'on dirait écrit d'aujourd'hui.)

Notre troisième considération sur l'irrévérence synagogale, c'est la longueur et la multiplicité des offices. Moïse avait dressé la tente d'assignation hors du camp des israélites (Exode XXXIII, 7). Le souverain pontife ne pouvait pénétrer dans le Saint des saints que le seul jour d'expiation ; le peuple ne pouvait se tenir qu'au parvis qui entourait le sanctuaire, ce dernier lieu ayant été réservé aux seuls sacrificateurs. Pourquoi toutes ces précautions ? pourquoi tant de soin pour tenir les fidèles à distance ? Evidemment c'était dans le dessein d'inspirer une terreur salutaire, un respect profond pour l'habitacle du Seigneur. Plus on hante une maison, plus on y devient familier, et l'on finit par s'y considérer comme chez soi. Voilà pourquoi beaucoup de nos temples, si imposants pour l'étranger qui vient les visiter pour la première fois, ne sont, pour nos familles, que des corps de garde : on y jase, on y rit, on y crache, on y saute, on s'y détrousse les manches, sans aucun égard ni pour le lieu, ni pour les personnes. Dans l'office matinal, quand on baise les zizith, le spectateur se croit transporté à une partie de chasse en voyant ces grimaces, en entendant ces sifflements qui se croisent en tout sens, comme si un baiser bruyant était plus affectueux qu'un baiser silencieux. L'ablation des roseaux au grand *Hosana* produit l'effet d'un feu de file et de peloton, tandis qu'aujourd'hui, à Jérusalem, *cette solennité se pratique naturellement, sans le moindre tumulte, à peine sensible,* dit le rabbin Joseph Schwarz (*Das heilige Land,* page 338, troisième paragraphe). Comment la ferveur serait-elle possible au milieu d'un tel spectacle ?

Mais le plus grand obstacle au recueillement c'est la longueur des prières, dût-on même les comprendre. On conçoit facilement qu'un cœur contrit, une âme religieuse, puissent se recueillir pendant une demi-heure, mais le recueillement de six ou de douze heures est dans la catégorie des impossibles.

Mais, s'écrie avec justesse un des membres non récusés du jury ecclésiastique qu'on s'est donné sans la présence du procureur-général : « La prière de la *Mincha* est fort courte, » et pourtant on obtient difficilement qu'elle soit dite selon » les prescriptions, c'est-à-dire affranchie de toute pensée » étrangère. »

Ce n'est malheureusement que trop vrai. Je vais encore plus loin que cet homme de choix, en avouant que מוציא, ישהכל, ב״פה״ג, même les ברכות התורה, bien plus courtes que *Mincha*, se disent également avec une volubilité qui exclut toute intention et toute attention. Cela tient à la lecture *courante* de l'enfance ; *courir* c'est le mot : le progrès de la lecture consiste, dans la plupart de nos écoles, non pas dans sa correction, mais dans sa vitesse ; maîtres et parents sont fiers de voir couler les mots de la bouche du bambin *avec la rapidité de l'eau ;* à l'école, c'est une véritable joûte à la course ; il n'en peut être autrement quand on considère qu'on impose aux enfants de six à sept ans l'obligation d'une prière matinale de cinquante pages. L'habitude de la prière à la vapeur est tellement invétérée, qu'un officiant, qui, d'ailleurs, ne manque pas d'instruction, m'a avoué que s'il devait dire mot à mot le *Kadisch* pour le faire réciter après lui aux petits orphelins, il s'embrouillerait, se trouverait entièrement dérouté ; donc les pauvres orphelins, pour lesquels cette petite prière a été instituée, sont déjà obligés de se conformer à la langue affilée du récitateur.

S'il en est ainsi de nos prières antiques, qui sont ravalées, au témoignage de nos yeux et de nos oreilles, en dépit de la raison et du bon sens, que dire de cette prose rimée, de ces compositions hétéroclites, avortons littéraires, produits de la fantaisie et plus souvent de la vanité de leurs auteurs ?

VI.

POÉSIE BIBLIQUE ET POST-BIBLIQUE.

Peut-on blanchir un nègre? — Naïveté. — Girouettisme. — Promettre et tenir sont deux. — Désertion avec armes et bagage. — Statistique des poétomanes. — Caractère de la poésie autochthone des hébreux. — Type littéraire de l'école des Scribes. — Variantes dans le texte de l'Eucologe. — Un faux Messie.

Rien de plus fastidieux que la nécessité de prouver l'évidence, ces vérités éternelles qui frappent les sens de tous. Pourquoi 2 et 2 font-ils 4? Pourquoi le tout est-il plus grand qu'une de ses parties? Pourquoi Moïse et les prophètes ont-ils écrit en hébreu, Philon et Joseph en grec, les talmudistes en syro-chaldéen mélangé de tant d'autres idiomes, les Gheonim en arabe, Mendelssohn et son école en allemand, et le Sanhédrin de Paris en français? Et cependant les bigarrures de certains esprits sont telles qu'on dirait qu'ils n'appartiennent plus à l'esprit humain. Tenter de les redresser, c'est perdre son temps; c'est vouloir expliquer à un enfant de deux ans pourquoi les vers de Racine et de Boileau l'emportent sur ceux de Clément Marot et de Chapelain. Essayez de blanchir un nègre! Un de nos anciens pédagogues (il passait, ma foi, dans sa communauté, comme théologien marquant) ne pouvait jamais concevoir la possibilité de parler le français sans savoir l'allemand. « Si, disait-il, moi, » je m'exprime en français (Dieu sait quel français!), c'est » que je sais en allemand (et quel allemand!) ce que j'ai à dire » en français; mais celui qui ignore l'allemand, comment peut- » il savoir ce qu'il veut dire en français? »

Lecteur, vous riez! Cependant il n'y a pas encore vingt ans qu'on agitait très-sérieusement, dans un grand centre du judaïsme français, la question de savoir si la langue de Pascal, de Fénélon, de Bossuet, de Buffon, de Voltaire, etc., est propre à l'interprétation du Talmud et de ses gloses. La décision négative a été motivée sur quatre considérations, dont la première a été fondée sur l'incompétence des auteurs de la proposition de décider en pareille matière. Dispensez-moi du reste.

Dix ans plus tard, un savant dont on n'aurait osé décliner la compétence, écartant toutes les chicanes, s'est dit : Essayons ! L'épreuve ayant complètement réussi, la langue nationale reconquit dès le lendemain, dans le domaine du talmudisme, son droit d'indigénat qu'elle avait perdu depuis les derniers des *Thosephoth*. Encore aujourd'hui, le patois judaïco-germanique a un caractère tellement sacré que le *Kadisch drabanon* qui, de tout temps, se récitait après la prédication (voir *Thosephoth, Berachoth,* f° 3), a été supprimé dans tel temple où l'on ne prêche plus que dans la langue des *Tosephoth,* c'est-à-dire en français.

Quel rapport cela peut-il avoir avec la question des *Pioutim?* — Plus que vous ne le supposez.

Demandez encore aujourd'hui à un tribunal rabbinique, que vous composerez à votre guise, si, d'après la prescription du Deutéronome, XXI, 22, il est permis de laisser séjourner un cadavre vingt-quatre heures avant l'inhumation ; si d'après le psaume 130, il est légal de construire une synagogue à une hauteur d'entrée de six marches ; si la place de l'officiant peut être au-dessus du niveau de l'assemblée ; si, d'après le psaume XXXV, 10, on peut se tenir droit et immobile en faisant ses prières ; si un israélite peut faire le commerce de chapelets, de crucifix, de tableaux, de livres et d'ornements d'églises, comme cela se voit chez les plus dévots ; si l'aîné a le droit à la double portion de l'héritage paternel ; si l'époux n'est pas l'héritier naturel de l'épouse ; si..... ; si..... ; si..... Soyez persuadé que, de Paris à Jérusalem, vous trouverez des réponses dans le sens que vous désirez : c'est le soulier de Théramène, qui se chausse indifféremment à tous les pieds. Chacun s'efforce à découvrir dans l'expression de la loi le sens qu'il est de son intérêt d'y trouver. Mais mettez au concours une chaire rabbinique, à condition d'acceptation des décisions de nos conférences parisiennes, je vous défie de trouver un seul aspirant refusant d'y souscrire des deux mains, sauf à se rétracter à la première insulte publique ou privée, — d'un philosophe, d'un *éclaireur?* — Jamais ! — D'un ultraorthodoxe, d'un zélateur ? — Toujours. Alors on joue le rôle des anges révoltés ; on se coalise avec ses anciens adversaires contre ses anciens amis, et l'on croit faire passer cette couardise pour le courage de l'opinion. C'est ce qui s'est déjà vu; c'est ce que vous verrez encore. אך שלום יהי' בימי est une devise très-commode, mais aussi très-égoïste. Il n'y a pas de remède contre la peur. Et fût-on Khakam-Bachi du vaste empire de Turquie, on cède aux clameurs de l'ignorance, ennemie jurée de toute civilisation.

C'est la malencontreuse question des *Pioutim* qui m'a suggéré les tristes réflexions qui précèdent.

Sur une population de 90,000 individus que compte le judaïsme français.

85,000 ne disent ni ne comprennent les *Pioutim;*

4,900 les disent sans les comprendre; c'est un narcotique stupéfiant; (Personne ne voudrait se voir condamné à lire une journée entière le texte du Dante ou de Milton, s'il ignore l'italien ou l'anglais.)

90 ne les disent pas, parce qu'ils les comprennent;

10 justes les disent et croient les comprendre. Ce sont les astrologues et les cabalistes.

Sous le rapport de ces élucubrations prétendues poétiques, nous sommes obligé de nous ranger sous la bannière du champion qui, le premier, a ouvert le feu roulant. « *Pioutim* et costume, s'écrie M. Hirsch, voilà toute la *misère* du temps! » *Misère!* c'est bien le mot, et, pour échapper à cette *misère,* les plus doctes théologiens avaient de tout temps l'habitude de se réunir à matines (השכמה), une heure avant le service ordinaire, faisant le sacrifice du sommeil matinal, pour laisser les *Pioutim* à la plèbe. Les rabbins les plus éminents ne leur ont jamais donné accès dans leur oratoire particulier. J'ai déjà mentionné ce fait dans un article nécrologique sur feu M. Aron Worms, dernier grand rabbin de Metz, qui qualifiait les *Pioutim* de plaisanteries funèbres de nos admirables psaumes. A la vérité, il en a composé lui-même, comme *passe-temps*, un très-grand nombre. S'il avait vécu avant Guttemberg, ses *Pioutim* seraient considérés aujourd'hui comme sacrés-saints, et nos offices, plus longs de quelques heures.

Le cadre que je me suis tracé ne me permet pas de traiter à fond l'histoire des *Pioutim*, sujet vaste savamment décrit par les Zunz, les Dukes, les Rapoport, les Luzzato, etc. Je me contenterai du simple exposé de quelques idées sommaires.

La poésie biblique est incontestablement la plus riche que la haute antiquité nous ait léguée. La théologie poétisée des Egyptiens, des Hindous, des Syriens, des Grecs, etc., fait remonter l'origine de ces peuples à une succession de dieux imaginaires, à de fabuleuses incarnations, à l'adultère et à l'inceste. Tel n'est pas le caractère de la poésie des Hébreux ; elle a la vérité morale pour base, la perfectibilité humaine pour but ; elle commence par l'ordre naturel du développement d'un monde physique, ouvrage de l'Être absolu, incréé, incorporel, providentiel, parfait, saint et juste ; elle débrouille l'origine des empires dans l'ordre historique ; ses héros sont des hommes comme nous ; Dieu seul est législateur et rémunérateur ; enfin, les destinées du monde aboutiront à la fusion humanitaire dans l'unité de Dieu, dans la confraternité des peuples, dans la paix universelle et perpétuelle.

Dès que l'esprit et le cœur s'emparent de telles vérités, le langage devient plus expressif et plus énergique ; l'âme se sent embrasée du feu céleste et transportée dans les régions de l'infini. Voilà ce qui fait dire à J.-J. Rousseau : *La majesté de l'Ecriture m'étonne !* Voilà ce qui fait l'admiration des Longin, des Pascal, des Bossuet, des Rollin, des Châteaubriand, des de Lamartine, etc.

On peut même dire que nos plus grands poètes ne sont supérieurs à eux-mêmes que lorsqu'ils se pénètrent du génie qui règne dans les inspirations prophétiques. Voltaire lui-même proclame *Athalie* comme le chef-d'œuvre de l'esprit humain ; nous pouvons en dire autant des chœurs d'*Esther,* des *Odes sacrées* de J.-B. Rousseau, etc. Quelle verve ! quelles images ! quel heureux assemblage de figures ! C'est que ces morceaux sont imités de nos psaumes et de nos prophètes, sources fécondes où se sont délectés le Dante, Milton, Klopstock, Gessner et les poètes les plus célèbres des nations modernes.

La poésie biblique, quoique grave, sérieuse, simple, majestueuse, tendant à la vérité morale, au triomphe de la saine raison, privée de toutes les ressources des fictions mystiques et mythologiques, cette poésie, disons-nous, n'est pas moins variée dans les divers genres de compositions. Elle est cosmogonique dans les grandeurs et la majesté de la création ; nationale dans ses chants de délivrance ; héroïque dans la célébration des victoires et des conquêtes; plaintive et élégiaque dans les défaites et les revers; suppliante et contemplative dans les chœurs des lévites; philosophique et touchante dans le drame de Job; simple, tendre, gracieuse et aimable dans l'action pastorale; gnomique dans les sentences de la sagesse inspirée; prophétique dans les menaces, les promesses et les consolations.

Tout coule de source dans cette poésie primitive; tout dérive des impressions de la nature. L'art, les jeux d'esprit y sont complétement étrangers; tout ce qui se ressent du travail, tout ce qui vise à la prétention, à la vanité personnelle, la contrainte de la rime, l'esclavage de la versification, les chaines de la règle classique, tout cela était inconnu à la muse hébraïque; c'est le génie seul qui prend son élan, se dégageant de toute entrave. Et voilà pourquoi vous ne trouvez dans les poésies de l'Ancien Testament ni épigrammes, ni satyres, ni énigmes, ni charades, ni surtout de noms en acrostiche, déplorables monuments de l'orgueil et de la présomption.

Le caractère saillant de la poésie et de l'éloquence bibliques, c'est le parallélisme, c'est-à-dire la reproduction de la même phrase sous deux formes correspondantes, différant de style et de langage; c'est la figure favorite de tous les poètes, de tous les orateurs, de tous les moralistes des anciens Hébreux. Ces hémistiches parallèles et si heureusement variés dans l'expression, produisent un effet puissant sur l'imagination, une impression profonde sur l'esprit et le cœur.

Depuis cette première période de l'antique hébraïsme, il a sans doute paru des documents d'un haut mérite littéraire, tel que nous le voyons par les livres apocryphes. Malheureusement tout ce qui n'a pas été canonisé fut dérobé à notre connaissance, et l'existence des apocryphes ne nous est révélée que par la traduction grecque que le christianisme nous en a conservée. Il ne nous reste donc plus de traces de notre littérature de la première époque post-biblique que les quelques fragments mutilés, altérés, remaniés, de nos prières dites obligatoires.

Cette seconde période littéraire ne connaît plus le génie, le goût, l'imagination qui brillent dans les poëmes davidiques; elle est étrangère à la gravité, à la majesté, aux sublimes inspirations de l'école prophétique; mais elle est encore à une distance immense de ces jeux de mots, de ces acrostiches de noms propres, de ce tintement de rimes, de cette corruption de style et de langage qui, dans le moyen âge, vinrent envahir le domaine liturgique de la juiverie germanico-polonaise.

Chaque époque a son style distinct, et, de même que le parallélisme forme le caractère essentiel de la période biblique, le pléonasme est devenu le type de l'école des scribes ou de leurs successeurs immédiats. C'est la même idée reproduite par des mots différents. On dirait que les rédacteurs de notre première liturgie, craignant de n'être plus compris par un peuple qui avait changé sa langue dans l'exil, ont multiplié à dessein les synonymies, de manière à donner le sens de l'expression par ses équivalents, pour en faciliter la compréhension. Commençons par ישתבח : quinze substantifs forment les sujets du verbe יָאֶה, après כי לך נאה . Dans ברכי, le sujet שמו est précédé de cinq verbes; seize épithètes se succèdent dans אמת ויציב ; dix dans רב ונשא ; huit verbes, avec autant de régimes indirects, se rapportent à sept sujets dans יעלה ויבא. Comparez על הנסים ועל הפרקן avec על הצדיקים.

Tout ce qui nous reste de la liturgie ancienne semble sortir du même moule: c'est l'accumulation des mêmes parties du discours; une redondance continue.

Je dis ce *qui nous reste*, et c'est à dessein; car il n'y a pas de doute que beaucoup de nos prières n'aient été altérées, modifiées, supprimées; on n'a qu'à comparer un rituel portugais à un rituel allemand ou polonais. Ne voit-on pas ailleurs que l'auteur de א'ל ב'רוך ג'דול ד'עה a voulu suivre le même ordre alphabétique dans כלם א'היבום כלם ב'רורים כלם ג'בורים , et voilà tout-à-coup cet ordre interrompu jusqu'au ע, et s'arrêtant au פ, וכלם ע'ושים וכלם פ'ותחים. Il y a là incontestablement une lacune, comme il y a des variantes dans la différence des rites, nonobstant la défense de Maïmonides de rien changer au type primitif des bénédictions. Et qu'on n'objecte pas qu'il ne s'agit que de bénédictions et non pas de prières, il est de fait que les bénédictions mêmes changent suivant les circonstances: ainsi de המלך הקדוש , au lieu de האל הקדוש ; de שאותך לבדך ביראה נעבוד, au lieu de המחזיר שכינתו לציון. Rabbi Isaac, à forte vue, סגי נהר, mécontent de בונה ירושלם, y a ajouté בונן כסא דוד , comme nous y ajoutons מנחם ציון , le jeûne d'Ab.

Si maintenant on se demande comment Maïmonides a pu déclarer אסור לשנות ממטבע שטבעו חכמים בברכות, il faut se rappeler les circonstances qui lui ont dicté cette défense.

Dans les temps de malheurs et de persécutions, les juifs n'avaient d'autre espoir que dans l'arrivée du moment fortuné où *les peuples transformeront leurs lances en faucilles et leurs glaives en serpes.*

Profitant de cette disposition des esprits, plusieurs imposteurs exploitaient, à diverses époques, la crédulité publique, en se donnant pour le Messie ou pour ses précurseurs. Un fait pareil s'est présenté en Afrique en 1170 : l'aventurier, qui voulait se faire passer pour le libérateur d'Israël, entrainait les masses à force d'artifices. Déjà il avait réussi à supprimer le formulaire consacré des prières, et à le remplacer par des actions de grâce ayant trait à sa prétendue mission. Ces innovations jetèrent la perturbation dans les communautés : il s'y formait des partis pour ou contre. On convint enfin que la Synagogue de Maroc s'adresserait à Maïmonides pour connaître son opinion et se conformer à sa décision. L'illustre docteur reconnut sans peine le charlatanisme du soi-disant Messie, fit remarquer toutes les hérésies dont les nouvelles prières étaient entachées, et donna aux communautés égarées le sage avis de ne déroger en rien à leur ancien rituel, *même d'y rien ajouter*. Ce qui prouve bien plus contre les *Pioutim* qu'en leur faveur.

VII.

IRRUPTION DANS LE DOMAINE LITURGIQUE.

Condescendance des liturgistes primitifs. — Millénaire de répit entre eux et les rapsodes du moyen-âge. — Quelques compositions sereines reléguées hors du domaine liturgique. — Accueil enthousiaste fait à un poème syriaque sorti des eaux troubles d'un fleuve inconnu à Malte-Brun. — Un chat s'appelle chat. — Cas de dispense de la priere. — Prières abrégées. — Ibn-Esra contre Kallir et consorts.

Nous venons de voir combien les rédacteurs de notre liturgie primitive avaient déployé de sollicitude, de zèle et d'efforts pour se mettre à la portée du peuple. Pour lui faciliter les exigences de ses devoirs et de ses exercices religieux, ils lui en mâchent, pour ainsi dire, la signification des expressions, comme le dictionnaire donne la définition des mots par leurs équivalents; ils vont plus loin, ils veulent que ceux qui ne saisissent pas leur texte, malgré sa simplicité, prient en langue vulgaire, et, pour procéder par le bon exemple, ils composent eux-mêmes certaines prières en syriaque; ils évitent avec soin tout artifice de style, toute image pompeuse, toute tournure hardie, toute licence grammaticale ou poétique qui aient besoin de commentaire, et pour comble de leur mérite, de leur humilité, de leur éloignement de toute prétention à la vanité mondaine, les auteurs de ces prières de la Synagogue primitive nous laissent ignorer jusqu'à leurs noms, que nous n'y trouvons ni en acrostiche, ni en calembour, ni par la גמטריא. (*Analogie des nombres.*)

Entre l'époque de la clôture de la liturgie obligatoire, sous Gamaliel Ier, jusqu'à celle de nos rapsodes (*Poëtanim*), s'écoule une période millénaire où la muse hébraïque semble s'être condamnée au silence. Est-ce à dire que dans un si long intervalle le feu sacré s'est spontanément éteint en Israël? que cette nation, dont les sublimes cantiques ont été adoptés par l'Eglise universelle, n'aurait pas produit un seul poëte en dix siècles? Ni les fictions, ni les vérités poétiques n'ont pu faire défaut à ces imaginations ardentes qui ont enfanté les *Midraschim* et les *Hagadoth ;* la langue n'a pu faire défaut à cette célèbre phalange massorétique de Tibériade, qui a soumis les saintes Ecritures à la ponctuation, à l'accentuation ; les a assujetties, par l'invention des points diacritiques, à la cadence, à la mesure, à la prosodie la mieux combinée qui existe dans aucune langue : une telle école, sans laquelle le texte de la Bible ne serait plus pour nous qu'une lettre morte, n'a sûrement pas manqué d'hébraïsants de la première force dont les compositions devaient éclipser celles de leurs prédécesseurs et de leurs successeurs. Leur silence ne peut donc être attribué qu'à la modestie ; ils trouvaient suffisante la courte liturgie alors adoptée et ne voulaient pas, au prix de leur amour-propre, accabler le peuple sous une masse de nouvelles formules. Ceci est tellement vrai que, depuis l'achèvement de la liturgie obligatoire, les rares morceaux ascétiques que nous avons conservés, quoique d'un mérite incontestable, n'ont été accueillis, à l'époque talmudique, que comme prières additionnelles et volontaires. Jamais on ne se serait avisé de les intercaler dans les prières sanctionnées et reçues.

Tel est, par exemple, נשמת, attribué à saint Pierre par l'auteur du משנת חכמים (R. Moïse Chagis), je ne sais sur quelle donnée historique. Il serait difficile de parler à nos sens d'une manière plus grandiose de la Toute-Puissance et de la Providence divine. Cependant ce magnifique morceau ne figure que comme introduction, et n'est jamais entré dans le corps de nos prières publiques.

Tel est אלהי נצור, de la composition de Mar, fils de Rabina, qui a clos la série des *Amoraïm.* Cette petite prière, qui ne respire que vertu, indulgence, humilité et abnégation, n'a été accueillie que comme un morceau additionnel placé à la suite des dix-huit bénédictions, qu'il ne devait pas interrompre ; la récitation à haute voix par l'officiant, organe des fidèles, n'en a jamais été permise. Est-ce parce que cette supplication est à la première personne du singulier, conséquemment individuelle ? Soyez donc conséquents avec vous mêmes. אאביך , אקחה פרי , איסחי , אאדה , אנביבה, enfin, la plupart des *Pioutim* sont dans le même cas, et pourtant ils ont un honneur qu'on n'a pas accordé à מר בריה דרבינא !

La tradition nous a conservé une petite prière, admirable de simplicité, commençant par אנא בכח, attribuée, à tort ou à raison, au célèbre Tanaï Nechonia-ben-Hakanah, contemporain de Hillel. Dites-la ou ne la dites pas, cela revient au même, ce n'est qu'un morceau de fantaisie; quel est l'ignorant qui ne le comprenne? Mais voici qu'au onzième siècle arrive d'au-delà du fleuve sabbatique, séjour des descendants de Moïse (je parle d'après le bouquin que j'ai sous les yeux), un ministre officiant de Worms avec un poëme syriaque de deux à trois cents vers rimaillant tous en *thô*, syllabe finale de la plupart des substantifs syriaques. Vite on s'en empare; il ne suffit pas de le lire chacun en son particulier, il en faut une lecture publique; il ne suffit pas de le chanter en public, il faut qu'il soit intercalé dans la leçon du Pentateuque. Et que nous enseigne ce beau cantique? Le chantre débute par demander la permission de réciter deux ou trois stances à la louange du Créateur, voilà qui prouve à l'usage de qui ce morceau a été destiné. Il nous apprend que Dieu tout seul a fait ce vaste univers, sans peine, sans fatigue, d'un simple *ha!* Après avoir paraphrasé une partie de נשמת, il décrit la mécanique céleste, nous fait assister au combat du gros poisson et du gros taureau: *Béhémoth* porte de terribles coups de cornes, *Léviathan* riposte avec ses nageoires d'airain; ils succombent enfin tous deux, à la grande liesse des spectateurs, qui en font leur délectation dans un banquet arrosé du nectar réservé dans le cellier céleste depuis l'origine des jours.

La fiction est l'âme de la poésie, מיטב השיר כוזבו est aussi la devise de nos poëtes hébreux. Il y a dans le poëme, dont nous venons de donner un très court aperçu, des images qui ne dépareraient pas les chefs-d'œuvre du Dante et de Milton; mais, du moment que vous leur donnez place dans la liturgie, le vulgaire prend tout cela pour des idées positives; vous paganisez le peuple, et si d'aventure vous essayez de lui en donner une explication maladroite, il est capable de vous demander, dans son gros bon sens: A quoi bon le mystère? Pourquoi ne pas appeler un chat un chat, comme dans le חד גדיא?

Nos anciens, dès qu'ils remarquaient dans une formule une occasion d'abus, la supprimaient sans pitié. La récitation journalière du Décalogue, obligatoire dans la Synagogue primitive, cessa de faire partie du rite dès qu'on se fut aperçu que le peuple prenait ce résumé de la loi pour la loi entière.

Quand on a vu l'embarras du vulgaire à l'appel de la lecture du texte du Pentateuque, on a fini par se contenter de la simple formule des deux bénédictions, abandonnant à l'officiant le soin de cette lecture. Peut-être, dans un temps à venir, sera-t-on obligé de lui céder même la récitation de cette formule, comme on l'a déjà fait ailleurs pour la *Haphtarah*.

Dans l'époque talmudique, l'oppression était loin d'être ce qu'elle est devenue au moyen âge : les juifs s'y livraient encore à l'exercice de toutes les professions, cultivaient les champs, occupaient des fonctions publiques. Aussi voyons-nous les talmudistes de très-facile composition à l'endroit des prières. Êtes-vous travailleurs ? N'allez pas vous déranger, vous enquérir d'un *Minian;* récitez le *Schema* sur le sommet de l'arbre, sur le pignon de la muraille. Êtes-vous ouvriers à gages ? Votre temps appartient à votre maître : dispensez-vous entièrement de la prière plutôt que de la balbutier sans recueillement. Êtes-vous éducateurs du peuple, תורתכם אמנתכם ? Ne priez pas du tout ; faites-en autant, pour éviter toute profanation, si vous avez contracté, même involontairement, une souillure corporelle. Êtes-vous en route ? un danger vous menace-t-il ? Abrégez ; dites הבינני, ou choisissez dans les cinq formules plus abréviatives encore, consignées *Berakoth*, f° 29 *b*. Dieu demande-t-il autre chose que le cœur ? לבא בעי.

On ne s'explique pas la longueur des grâces à réciter, non-seulement après le plus petit repas, mais après la consommation d'un morceau de pain gros comme une olive, ce qui peut arriver cinq ou six fois par jour. Maïmonides, déjà choqué de la précipitation scandaleuse d'une prière en elle-même très-édifiante, nous recommande une ancienne formule syriaque réduite à six mots : בריך רחמנא דיהב לנו האי פתא ; et, comme nous ne sommes pas Syriens, nous pouvons fort bien dire en français : *Béni le Miséricordieux qui nous a donné cette pitance !* La prière de Moïse, pour la guérison de sa sœur, se réduit à cinq syllabes. (*Nombres*, XII, 13.)

Notre volumineux traité des *Berakoth*, ברכות, est l'encyclopédie de nos prières. Après les avoir énummérées toutes, la

Ghemara termine par cette conclusion (f° 61 *a*) : Rab-Huna dit au nom de Rab, qui le tenait lui-même de Rabbi Maïr : לעולם יהיו דבריו של אדם מועטין לפני הקב״ה וכו׳ « Que les paroles de l'homme soient toujours en petit nombre devant le « Saint, béni soit-il, car il est dit (Ecclésiaste, V, 1) : *Ne sois « pas prompt par la bouche, et que ton cœur ne se hâte pas de « proférer une parole devant Dieu, car Dieu est au ciel et toi « sur la terre ; c'est pourquoi tes paroles seront en petit « nombre.* »

Ibn-Esra, l'hébraïsant par excellence, s'appuyant de l'autorité de cette citation, s'élève avec indignation contre l'invasion des *Pioutim* dans le domaine de la prière ordinaire : אסור שיתפלל אדם ויכנים בתוך תפלתי פיוט״ן לא ידע עיקר פרושם « Il est défendu à tout homme, dit-il, d'introduire dans sa « prière des *Pioutim* dont il ignore la signification, » et il donne pour cause de cette ignorance, non-seulement *une* faute linguistique que Heidenheim a cherché à légitimer, mais des *lapsus* nombreux, des compositions semées d'énigmes, des locutions du Talmud qui, lui-même, est un mélange d'expressions non hébraïques, des compilations de *Midraschim* et d'*Agadoth*, qui n'ont pour nous aucun sens, tandis que, selon nos éminents docteurs, toute parole doit rendre son sens naturel, ולא על דרך סוד ומשל, et non pas d'une manière mystique et énigmatique.

Il finit par s'écrier, dans l'amertume de son cœur : מי הביאנו בצרה הזאת להתפלל בלשונות נכריות ? הלא נחמיה הוכיח המדברים לשון אשדודות ואף כי בעת התפלה « Quel est celui qui « nous a entraîné cette tribulation de prier en langues étran- « gères ? Néhémie n'a-t-il pas repris ceux qui s'exprimaient en « asdodien ? A plus forte raison pour la prière. »

Quelque fondées que soient les raisons d'Ibn-Esra, nous attachons encore plus d'importance à la sollicitude de nos sages, qui évitaient soigneusement toute surcharge fatigante pour le peuple טרח הצבור, et qui recommandaient bien les prières en langues étrangères, mais non corrompues.

VIII.

IMMIGRATION JUDAÏQUE SEPTENTRIONALE.

Encore quelques vestiges classiques d'une respectable antiquité. — Invasion de l'esprit monacal du Bas-Empire. — Mort de Moïse en scène de marionnettes. — Causes de la transmigration vers le Nord. — Influence de la rudesse tudesque sur l'harmonie hébraïque. — La synagogue complice de cette corruption linguistique. — Aversion pour le progrès germanique moderne. — Sainte fureur d'un homme de Dieu. — Enfer attrayant. — Mendelssohn paraît, la lumière éclate.

Nous avons vu que, depuis la rédaction primitive de nos offices, il s'était écoulé une période millénaire sans addition notable. Le peu de morceaux qui ont paru durant cette longue époque sont d'une brièveté remarquable, d'un hébreu classique, d'une élévation d'idées dignes des temps prophétiques, et dépouillés de tout artifice d'orgueil. Tels sont, pour l'officiant seul: אוחילה, היה עם פיפיות; pour les fidèles: היום הרת עולם , אשר בגלל אבות. Cette dernière composition, comme le fait observer Saadia, a déjà été gâtée par le tripotage d'une main malhabile qui fait mourir Moïse en criminel désespéré: il pousse un cri long et amer, se déchire les vêtements. Voilà l'imagination délirante du légendaire qui gâte tout ce qu'il touche; voilà le plus grand caractère de l'antiquité, l'homme de Dieu, bien au-dessous de Socrate, de Marie Stuart, de Louis XVI, etc., victimes innocentes qui ne devaient pourtant pas mourir de mort naturelle ni dans la plénitude de leurs jours.

Ce morceau final, si peu digne de son début, a pourtant trouvé un imitateur qui rapetisse la scène encore davantage: Dieu ordonne à Moïse de monter sur le sommet d'Abiram. — Le saint homme s'imagine que c'est pour y recevoir la révélation d'une nouvelle doctrine. — Non, lui répond la Divinité, c'est pour y mourir. — Malheur! malheur! וַי וַי, s'écrie Moïse de toute la puissance de sa voix, mais cette ascension n'est qu'une descente vers la destruction! — Assez, n'en parle plus. — Voyant l'inefficacité de tous ses efforts personnels, Moïse s'en retourne vers les tribus de Ieschouroun : « O mes fidèles ! s'écrie-t-il, délivrez-« moi vous-mêmes de la perdition ! » Combien de pieuses larmes cette fable n'a-t-elle pas déjà fait répandre ?

Il n'est permis qu'aux parodistes de faire mourir ainsi leur héros.

N'allez pas d'un Cyrus nous faire un Artamène.

N'avons-nous pas tous vu de jeunes mères de famille, affaiblies par la maladie, rendre l'âme avec calme et résignation, et vous faites mourir en poltron l'homme le plus sublime que le monde ait jamais produit ! Livrez-vous à des fictions poétiques tant que vous voudrez, mais n'allez pas faire injure à la grande ombre d'un Moïse, et surtout ne nous rendez pas complices de ces outrages en nous imposant l'obligation de les répéter.

Que faut-il voir dans tout cela ? C'est l'esprit dominant du bas-empire, de cette époque de grossières superstitions où, à la veille d'une bataille, les généraux pleuraient, priaient, se confessaient aux pieds de moines grecs, dans la crainte de tuer ou d'être tués.

Chaque époque littéraire a son caractère spécial, et quelque isolée que soit une petite société dans la grande, l'influence du goût dominant se fait toujours sentir chez les hommes de génie sans distinction : Platon philonise ou Philon platonise. Comparez la littérature apocalyptique de Daniel et d'Ezéchiel à l'expression si claire, si lucide des prophètes antérieurs, vous y trouverez un tout nouvel ordre d'idées, un rapprochement de la science des Mages. Notre gnomique Ben-Sirach a une parfaite analogie avec les sages de la Grèce. Ce sont les circonstances qui font les hommes, et, à moins de se faire anachorète, on ne saurait échapper au contact social.

Pour corroborer cette assertion, comparons l'influence salutaire du brillant élément arabe sur l'hébraïsme de l'école mauresque-espagnole de nos *Ghéonim* (Excellences), à l'influence pernicieuse de la triste poésie monacale du moyen âge sur la littérature rabbinique du rite germanico-polonais.

Si, à l'instar de Charles Dupin, nous avions à dresser une carte intellective de la culture israélite, nous tracerions une grande ligne de la Méditerranée à la mer Blanche. La couche si claire de la péninsule ibérique irait en s'épaississant graduellement jusqu'aux bords sombres de la Russie septentrionale. C'est avec raison que l'auteur des *Lettres de quelques Juifs à M. de Voltaire* a écrit en 1766, qu'*un juif portugais de Bordeaux et un juif allemand de Metz paraissent deux êtres absolument différents.*

Cette divergence dans le degré de culture prend sa source dans la direction différente de la transmigration romaine et de celle des juifs hellénistes.

Les fréquents soulèvements des juifs contre la puissance romaine, la téméraire entreprise de Barkokeba, leur révolte à Diocésarée sous la conduite de Patrice, leur coalition avec les Parthes contre les Romains, ligue dont la destruction avait mérité à l'empereur Sévère, par ordre du sénat, un *triomphe judaïque*, toutes ces rébellions excitèrent chez les Romains une telle animosité que, pour empêcher toute nouvelle tentative, il fallait mettre obstacle à toute agglomération redoutable, et ne plus songer qu'à la dispersion de ces indomptables perturbateurs, débris de ces anciens sicaires, terreur de la Judée, et dont les masses compactes devenaient si compromettantes pour le repos intérieur du vaste empire. Tout ce qui avait échappé au carnage de la guerre devait servir à l'ornement du triomphe : les prisonniers étaient destinés aux divertissements du pugilat, aux combats meurtriers contre les animaux féroces ; plusieurs furent brûlés vifs ou crucifiés sur les grands chemins ; un plus grand nombre vendus comme esclaves aux foires publiques ; d'autres incorporés dans les troupes auxiliaires au delà du Rhin et du Danube ; la masse tranquille, enveloppée dans la haine commune, chercha son salut en fuyant un pays aussi inhospitalier, préférant confier sa destinée aux barbares du Nord. Telle est l'origine de la colonisation juive de l'Europe septentrionale.

La guerre, toujours si calamiteuse pour les grandes opérations commerciales, est, au contraire, un pactole pour les spéculateurs qui suivent les armées, soit pour la vente des subsistances et autres objets nécessaires aux soldats, soit pour l'achat du butin. C'était là la ressource de ceux des premiers réfugiés juifs qui n'avaient pas d'autres professions au milieu de ces hordes envahissantes, toujours en guerre soit entre elles, soit contre les légions romaines.

Le mal est plus contagieux que le bien: ceci est vrai au moral comme au physique. Au milieu de ces peuples demi-sauvages répandus dans une contrée qui n'était encore qu'une épaisse forêt, dédaignant l'agriculture, l'industrie, le commerce, les arts et métiers, ne vivant que de rapine et de pillage, cette poignée de juifs disséminée parmi ces idolâtres, devait plutôt dégénérer elle-même que communiquer aux indigènes quelque chose de sa civilisation orientale, des larges principes de ses prophètes. C'est ce qui n'a pas manqué d'arriver à ces premiers colons, et quoique la foi fondamentale du mosaïsme fût préservée de toute atteinte, les juifs tombèrent dans un état d'ignorance tel, qu'ils altérèrent jusqu'à la lecture de la langue qui était le patrimoine d'eux seuls. Cette lecture, transmise de père en fils par un enchaînement non interrompu, devait résister à tout contact de l'élément teutonique, avec lequel elle n'a aucun rapport; s'il est une tradition inoubliable, c'est bien celle du langage dans lequel on prie depuis son enfance, surtout en considérant l'importance qu'attache l'israélite à la valeur du moindre signe graphique de l'Ecriture sainte. Eh bien, cette harmonieuse langue hébraïque s'est tellement chargée de la rudesse teutonique, qu'elle déchire les oreilles les moins exercées soit d'un israélite portugais ou oriental, soit du plus mince étudiant d'une faculté hébraïque universitaire. Ainsi le *kamats long*, *â*, fut transformé en *chôlam*, *ô*. Si *â* devient *ô*, qu'adviendra-t-il de *ô* proprement dit? Il sera changé dans la voyelle germanique *aou;* le *tsèré*, *ê*, devint *aï;* le *sheva mouvant*, qui n'est qu'un *e muet*, devint *in*: לְךָ, *lincho* au lieu de *lekâ*; point de différence entre l'*aleph* et le *nghaïn*, le *beth* doux et le *vav*, le *heth* et le *kaph* doux, le *samek* et le *thav* doux (1). Si cette

(1) La prononciation hébraïque, telle qu'elle était usitée à l'époque du second temple, est établie par la conformité de l'orthographe grecque des noms propres bibliques dans les Septante, Philon, Flavius Joseph et les Evangélistes. Plus tard le Talmud (*Berakoth*, f° 15 *b*), en nous prévenant contre toute élision dans la lecture du *Shemang*, donne pour exemple עשב־בשדך, הכנף־פתיל; Alphasi ajoute יחרה־אף. Si vous prononcez ces lettres finales autrement que les initiales qui les suivent, le Talmud, ainsi qu'Alphasi, n'aura, selon vous, avancé qu'une simple absurdité.

corruption linguistique émane de la plèbe ignorante, nos rabbins germanico-polonais, si minutieux sur la moindre vétille, se sont donc de gaieté de cœur rendus ignorants et populaires sur un point aussi capital que celui de dénaturer la langue des anges, que dis-je ? celle de la Divinité même !

Si l'hébreu s'est ainsi imprégné du caractère du teutonisme, cela laisse supposer au moins une prédilection toute particulière pour l'idiome de la nation au sein de laquelle on a cherché son refuge, comme c'était le cas chez nos Gheonim, nos poëtes, nos philosophes, nos moralistes, qui avaient enrichi de leurs chefs-d'œuvre les lettres arabes ; qui sont allés jusqu'à traduire même le Talmud en cette langue pour le faire connaître au commun des martyrs. Si cette même pensée existait pour le germanisme dans sa barbarie primitive, il faut convenir que le rabbinisme allemand a merveilleusement suivi le progrès moderne de cette littérature devenue si grandiose. En plein dix-huitième siècle, le célèbre Éléazar Flekels, rabbin de Prague, qui comptait sous sa juridiction plus de cinquante mille juifs de la Bohème, après avoir donné une approbation très-laudative à la publication d'une Bible en patois allemand-judaïque d'un nommé Sussmann, fit un auto-da-fé, dans la cour de sa synagogue, de l'admirable version en allemand classique de notre immortel Mendelssohn, version enrichie des savantes annotations de l'auteur, de Dubna, de Wessely et d'autres collaborateurs éminents. Voilà un *conservateur !!* אלה אלהיך ישראל !

Mendelssohn, que l'Allemagne était fière d'appeler le nouveau Platon, qui réunissait en lui seul plus de science qu'on n'en aurait pu pressurer de tout le faisceau rabbinique depuis plus de quatre cents ans, avait mille moyens de pulvériser ces nains qui, dans leur stupide suffisance, voulaient faire la guerre au géant ; mais dans ce corps si chétif régnait une âme de fer : il fut, comme le porte l'inscription burinée sous son buste, *grand dans son siècle, unique dans sa nation.*

Informé par son ami, rabbi Hénoch, de l'anathème fulminé contre son Pentateuque, il lui répond : « Merci cordial de votre « communication, qui m'a fait rire. Je ne conçois pas votre « irritation. Ne voyez-vous pas qu'un de ces rabbins ne met pas « mon repentir en doute, et me fait déjà déclarer que je ne « cherche que l'occasion de réparer ma faute ? Qui pourrait

« s'offenser d'une bonté si surhumaine ? Parlons sérieusement, « mon cher Hénoch. Si ma traduction était accueillie sans con- « teste par la généralité d'Israël, elle serait inutile. Plus les soi- « disant *sages du siècle,* חכמי הדור, s'y opposent, plus elle « est nécessaire. Je croyais avoir travaillé pour le menu peuple, « דלת העם, je trouve que mon œuvre est bien plus indispensable « aux rabbins. Toujours du calme, mon bon rabbi Hénoch, et « pas trop de zèle! » (*Supplément de la correspondance de Mendelssohn d'après les autographes,* par Rabbi Avigdor. Vienne, 1799, pages 23 et 24).

La mort de ce grand homme, enlevé au milieu de sa brillante carrière, en 1786, à l'âge de cinquante-cinq ans, fut une calamité publique, non-seulement pour Israël dont il avait été le plus ardent défenseur, mais pour le monde civilisé, qui le comptait parmi ses plus nobles représentants. Croyez-vous, ami lecteur, que l'inquisition du rabbinisme germanique va s'arrêter du moins devant cette grande ombre ? Ouvrez l'ouvrage intitulé עולת צבור, par R. Flekels, de Prague, pages 13, 14 et 82, et vous lirez les aménités suivantes à l'adresse de notre traducteur classique:

« Durant les travaux des Septante, le monde a été plongé « trois jours dans l'obscurité,

ואסור להעתיק פרשה או פסוק א׳ ללשונות אחרות, וכל המעתיק פסוק לאימה נבריות, יהי׳ מי שיהי׳, ימחה מספר החיים, ועם צדיקים אל יכתב כי אסיר במוחלט מן הדין:

« Il est défendu de traduire en langues étrangères un seul « chapitre ou un seul verset (de la Bible). Que le nom du « traducteur, quel qu'il soit, soit effacé du livre de la vie, ne « soit pas inscrit avec ceux des justes; la défense de traduire « est irrévocable de droit. »

Plus loin, parlant toujours de l'illustre décédé, l'homme de Dieu s'écrie dans sa sainte fureur:

ימחה שמו מספר החיים בעבור העתקתו ומוטל על כל יושבי מדין להחרים כל מעתיק פסוק אחד מתנ״ך ללשון לועז, מלבד שמץ חבל ינידהו גם מעולם הבא כלה גרש יגרש ויטאטאו בטאטא השמד וכו׳

« Que son nom soit effacé du livre de la vie à cause de sa « traduction. Il est du devoir de tous ceux qui siégent en justice « (rabbins et assesseurs) d'anathématiser tout traducteur d'un « seul verset de la Bible en langue étrangère; ils le banniront

« non-seulement comme infâme dans ce monde, mais qu'il soit « aussi repoussé du monde à venir, balayé du balai de la des- « truction. »

O douceur angélique! ô charité digne d'imitation! tendre pasteur!

Pauvre Onklos! pauvre Aquila! pauvre Ben-Ouziel! pauvre Saadia! pauvre Elias Lévy! pauvre Manassé-ben-Israël! Et dire que pas un seul rabbin allemand n'a osé embrasser la cause innocente (ne fût-ce que pour l'honneur du corps) de l'homme éminent devant lequel les savants contemporains étaient à genoux! Mais alors, comme aujourd'hui en France, les partisants secrets des opinions de Mendelssohn gardèrent un prudent silence; ses adversaires débitèrent contre lui, comme contre le pieux Wessely, des lazzi, après lesquels on disait *Kadisch*.

Comme on vient de le voir, la pérégrination septentrionale à travers les âges obscurs n'a pas été éclairée de la colonne lumineuse qui guidait nos ancêtres vers le Sinaï; mais l'élément judaïque est comme le soleil: il se couche d'un côté, il se lève d'un autre. וזרח השמש ובא השמש. Le phare de Mendelssohn a dissipé les ténèbres des âges anciens, la lumière se fit.

קֹשֶׁט וְדָת צָרוּר בְּאֹפֶל מִנִּי דוֹר דוֹר

עֲדֵי אָמַר אֱלֹהִים יְהִי מֹשֶׁה וַיְהִי אוֹר

Mendelssohn a succombé, dans la virilité de l'âge, sous le poids de sa science; mais ce soleil d'un jour a fécondé de ses rayons la terre la plus stérile, la plus ingrate: le rabbinisme germanique actuel a fait justice de l'obscurantisme du Bas-Empire et du moyen-âge. Il est sorti de ses nuits de douleur pour tomber en plein dix-neuvième siècle. Honneur à la sincérité de sa religion éclairée.

A l'opposite de la dégénérescence originelle de l'émigration judaïque vers la zone de l'Europe septentrionale, la plus vive lumière éclaire nos émigrants de la zone méridionale.

IX.

IMMIGRATION MÉRIDIONALE.

Rôle des juifs mauresques-espagnols dans l'histoire de la civilisation — Parallèle de leurs travaux et de ceux des rabbins du Nord. — Influence de l'école espagnole sur les esprits marquants du Judaïsme universel. — Premières années de Mendelssohn. — Salomon Maïmon, philosophe de quatorze ans. — Sources de la philologie sacrée.

Nous avons déjà vu (1) quel était le haut degré de culture des juifs alexandrins qui, loin de répudier la science des sages de la Grèce, la faisaient concorder avec la foi judaïque. Éclairés au flambeau de la philosophie hellénique, ils méritaient le titre d'*hellénistes*, et étaient les dignes précurseurs des travaux immortels de nos penseurs les plus profonds.

Étrangers à la guerre de la Judée, les juifs hellénistes ne donnèrent pas lieu à Vespasien de sévir contre eux. La fermeture de leur temple d'Héliopolis n'était qu'une mesure de sage politique, pour éviter tout conflit, pour prévenir toute nouvelle effusion de sang; car il ne faut pas oublier qu'un grand nombre de ces sicaires et de ces zélateurs qui avaient fait couler le sang le plus pur dans le sanctuaire de Jérusalem, avaient déjà tenté d'en faire autant dans le temple d'Onias. (Joseph, *Guerre des Juifs*, liv. VII, Ch. XXXVI).

Ce n'est pas que dans la suite, comme par le passé, les hellénistes n'aient éprouvé également de cruelles alternatives de calme et d'agitation; mais l'idée ne se tue pas, et les solides notions, méthodiquement inculquées dès l'enfance, se maintiennent pures et triomphent de tout obstacle.

A la suite de persécutions et de scènes sanglantes qu'avaient éprouvées les juifs d'Egypte et de l'Asie-Mineure, beaucoup d'entre eux vinrent chercher un refuge dans la Péninsule ibérique, où étaient déjà établis depuis longues années, un certain

(1) Page 30.

nombre de leurs frères en religion. Ils y furent d'autant mieux accueillis qu'ils se livraient à l'exercice de leur intelligence, professaient les arts et métiers, et entretenaient un commerce maritime qui pourvoyait l'Europe des produits des deux autres parties du monde. Leurs relations étaient particulièrement favorisées par le voisinage de la Méditerranée, et l'Etat y trouvait son compte.

Ce fut surtout sous le gouvernement des califes que les savants israélites mauresques-espagnols, ceux de la Turquie asiatique et des îles Ioniennes, commencèrent à faire leur grande entrée dans l'histoire de la civilisation, telle qu'elle a progressé jusqu'à nos jours.

Pendant que nos cabalistes du Nord désensorcelaient, guérissaient les malades, brisaient les enchantements, délivraient de la démonomanie par des exorcismes, des conjurations, des amulettes, des talismans, des charmes et des attouchements, nous voyons chez nos frères mauresques-espagnols des rabbins savoir par cœur leur Gallien et leur Hippocrate à l'égal de leur Bible et de leur Talmud, de leur Aristote et de leur Platon ; des rabbins qui prêchaient, étudiaient toutes les sciences, écrivaient d'immenses in-folio en différentes langues, et sur toutes les branches, et étaient recherchés avec d'autant plus d'ardeur à la cour des souverains, qu'ils avaient étudié l'anatomie sur le cadavre humain dont la dissection est interdite aux musulmans de par le Koran.

Jusqu'au dernier moment de leur séjour en Espagne et en Portugal, même sous la domination de princes catholiques, les Israélites de ces deux pays ne sont jamais déchus de leur gloire littéraire et scientifique. C'est de leur école de Tolède que sont sorties les célèbres tables Alphonsines ; ils ont fixé les règles de la langue hébraïque par la création d'une science grammaticale, et ont élevé cet idiome oriental au rang des langues classiques, par les principes de la rhétorique, de l'art poétique et de la versification scandée. Un grand nombre d'entre eux faisaient fleurir dans la Péninsule le commerce et l'industrie ; d'autres figuraient dans la noblesse et remplissaient de hautes fonctions dans les ambassades et à la cour, et même comme chefs militaires et comme ministres.

Partout et en tout les disciples de l'école arabesco-espagnole étaient nos maîtres et nos guides, et si d'aventure quelque lueur perce l'épais nuage de l'école germanico-polonaise, c'est encore grâce aux travaux des Saadia, des Maïmonides, des Ibn-Esra, des Juda Halévy, des Kimchi et de mille autres célébrités péninsulaires ou ioniennes.

Un bel enfant de treize ans, fils d'un pauvre instituteur de Dessau, arrive à Berlin en 1742; il vit de charité, couche sur un grabat sous les tuiles; le hasard fait tomber entre ses mains le *Moreh* de Maïmonides. Ce précieux ouvrage le plonge dans un tel approfondissement qu'il y reste collé des nuits entières; contension qui lui a causé la courbature de la colonne dorsale, une santé chétive, mais qui a valu au monde un des plus nobles représentants de la docte antiquité; à Israël, un régénérateur!

Cet enfant s'appelait Mendelssohn.

Poussé par la passion de la science, un écolier de quatorze ans, fils d'un rabbin cabaretier du fond de la Lithuanie, s'enfuit du foyer conjugal (1) et arrive épuisé et déguenillé à Berlin. Il se présente chez Mendelssohn. Hélas! celui-ci ne comprend pas le jargon hébraïco-germanico-russo-polonais, et celui-là n'entend rien à la pureté de la diction allemande. On a recours à l'hébreu, et Mendelssohn reste pétrifié à la mobilité du langage du jeune polonais; mais combien son étonnement est plus grand encore lorsque le petit vagabond tire de sa poche un manuscrit chiffonné qui n'était autre chose que son commentaire sur le *Moreh* de Maïmonides.

Pascal, à l'âge de douze ans, avait deviné les mathématiques, moyennant des ronds et des barres; néanmoins Pascal était fils du président d'une chambre des tailles, élevé par les soins d'un père riche et éclairé; mais voir un enfant de sept ans étudier secrètement le אילם de Joseph de Candie, l'Euclide des juifs, se faire lui-même une sphère armillaire avec les brins de la verge dont se servaient ses sauvages parents pour le fouetter; commenter à quatorze ans l'ouvrage le plus profond du plus profond péripatéticien juif, voilà qui est effrayant!

Tel fut Salomon Maïmon, arrivé en 1767 à Berlin, pour être

(1) Les juifs polonais mariaient leurs enfants à l'âge de douze ans.

suivant son accent polonais. *Maïnmik bechochmo* (pour s'enfoncer dans la science).

Maïmon, de race polonaise, menait une vie vagabonde comme presque tous les israélites de cette race qui commencent à voir clair. Nous le trouvons tantôt à Berlin, tantôt à Hambourg, tantôt à Amsterdam, tantôt à Breslau. Amant passionné de la philosophie, il n'a pas cherché, comme Mendelssohn, à exercer une salutaire influence sur ses coreligionnaires, mais il a prouvé une fois de plus à l'Allemagne savante, qu'un juif né dans la condition la plus abjecte, au sein de la congrégation la plus obscurante, peut pourtant s'élever à l'apogée de la gloire scientifique, et devenir l'émule d'un Kant.

Je ne me suis livré à cette excursion, hors de mon sujet, que pour corroborer, par des faits contemporains, une assertion dont la preuve existe partout : à savoir que toutes les fois qu'un génie transcendant a marqué dans le domaine du judaïsme germanico-polonais, c'est qu'il avait dirigé ses études d'après les grands maîtres de l'école portugaise.

Notre belle langue hébraïque serait, pour l'orthographe et le style, ce qu'elle est encore pour la prononciation chez les *Askenasim;* ce qu'elle est dans la plupart de leurs déplorables *Pioutim*, sans ces astres du premier ordre qui portent pour noms Saadia-Gaon, Duns-ben-Labrat, Menahem-ben-Serouk, Hioug, Haï Gaon, Ben-Ganah, etc., qui tous ont fixé les règles de la langue sur des bases invariables.

Il était à regretter pour les lettres juives que ces créateurs de la science grammaticale eussent tous rédigé leurs travaux en arabe, langue inconnue aux populations du Nord. Heureusement, de nouveaux champions entrent dans l'arène : Ibn Esra, les deux Kimhi, Mayer Halévy, Salomon Norzy, etc., etc., écrivirent en hébreu de bonnes grammaires, d'excellents dictionnaires, de remarquables dissertations philologiques; ils ont même trouvé dans la suite chez les Allemands, quelques hommes d'élite marchant sur leurs traces, tels que Elie Halévy, Salomon Hanau, Pappenheim, Kesslin, Dubna, etc. Malheureusement, tant de nobles travaux étaient restés à l'état de lettre morte pour l'ignorance invétérée de la vieille école germanico-polonaise, à telles enseignes que Mendelssohn avait jugé indispensable de terminer la préface de son Pentateuque par quelques notions générales de grammaire, soi-disant pour l'enfance, mais que bien des enfants de son époque, occupant des siéges rabbiniques, ne comprenaient même pas.

X.

RESTAURATION DE L'HÉBREU LITTÉRAIRE.

Ecole massorétique.— Points-voyelles, quantité prosodique, accents diacritiques appliqués à l'hébreu.— Prodige de patience.—Rapports de la mélodie à l'hymnologie. — Travaux idéologiques de Maimonides. — Alcharisi trace les règles de l'art poétique, et fouette, en passant, les muses grossières.

Si l'école mauresque-espagnole a doté l'hébraïsme de la science grammaticale, ses adeptes n'ont pas montré moins de tact et de goût dans la création d'un art poétique, dans la coupe des vers, déterminée par la quantité prosodique, et propre à être adaptée à la métrique musicale, l'hymnologie et la mélodie étant deux compagnes inséparables.

Il est une période brillante dans notre histoire littéraire post-talmudique, dont nos archéologues et nos philologues ne se sont pas assez occupés. Il s'agit de la célèbre Académie de Tibériade, dont les disciples ont fait sur le texte des saintes Ecritures un travail que jamais paléographe n'a pu égaler.

La lecture d'une langue morte s'altère facilement. Prenez la langue la plus répandue dans le monde civilisé : partout vous entendrez parler le latin avec la prononciation nationale propre à l'idiome de chaque pays. *Kikero*, le prince de l'éloquence, ne se reconnaîtrait plus dans le *Cicéron* des Français; le *Tschitschero* de ses propres nationaux, le *Tzitzero* des Allemands, etc.

S'il en est ainsi des langues auxquelles ne manque aucun signe de phonation, combien l'altération doit-elle être plus sensible encore dans l'orientalisme primitif, dépourvu de toute voyelle. Que de problèmes, que de doutes laissés au caprice et à l'arbitraire! תמחה את זכר עמלק. Est-ce *Zachar* (mâle)? est-ce *Zecher* (mémoire)?

Sans les Massoreth, nous ne le saurions encore aujourd'hui que par un triste épisode rapporté dans *Baba bathra*. De même pour *Schibboleth* et *Sibboleth*; מות (la mort), sans ponctuation, peut se lire comme l'adverbe מאד (très), ce qui fait dire à un homéliaste : והנה טוב מאד זה המות. Il en est ainsi de מה, qui pouvait se lire מאה, et d'une foule de cas pareils indiqués par Elie Lévita dans la troisième préface de sa *Massore*.

Pour obvier à l'arbitraire de l'interprétation résultant souvent d'une prononciation oubliée, les Massoreth, qui florissaient du sixième au neuvième siècle, entre l'époque des Sebouraïm et celle des Gheonim, adaptèrent au texte hébreu des points-voyelles distingués en longs, brefs, très-brefs, des accents diacritiques royaux, serviles, mixtes, ou signes de liaisons, de séparations, de pauses; soumirent la langue à la prosodie la plus régulière, donnèrent à la période le nombre et l'harmonie; en un mot, ils firent de l'hébreu une langue cadencée à l'instar du sanscrit, de l'arabe, du grec et du latin.

Pour préserver les vingt-quatre livres canoniques de toute atteinte, les Massoreth en ont compté le nombre de chapitres, de versets, d'hémistiches, de mots et de lettres. Ainsi nous savons, par exemple, que la Genèse contient 12 grandes sections, 50 chapitres, 1,534 versets, 20,713 mots, 78,100 lettres. Demandez-leur combien de fois chaque lettre se trouve répétée dans les saintes-Écritures; ils vous répondront qu'il y a 42,377 *aleph*, 35,218 *beth*, 29,537 *ghimel*, etc.

Ce travail minutieux, fait d'après la confrontation des plus anciens manuscrits, ne saurait être considéré comme puéril quand il s'agit d'un livre dont il a été dit que : *jusqu'à ce que le ciel et la terre soient passés, pas un seul Iota, pas un seul trait de lettre ne passera* (Matth., V. 18).

Aussi, les signes de ponctuation inventés par les Massoreth ne sont que pour l'usage individuel; quant au texte du Pentateuque, destiné à la lecture publique, il doit en être complétement dépourvu et respecté dans son intégralité primitive : un seul *iota* d'ajouté, de retranché, de déplacé, suffit pour en rendre l'usage illégal.

Le rhythme, comme nous l'entendons, ne se rencontre dans la

poésie biblique que dans quelques versets isolés où, comme la rime, il a pu échapper à la plume de l'auteur, accidentellement et sans aucune intention.

Pour retrouver le rhythme des anciens hébreux, il faudrait deux conditions également impossibles : 1° connaître les vicissitudes de la prononciation de chaque province, depuis Moïse jusqu'au retour du premier exil ; 2° la musique dans les diverses phases d'une si longue période.

Si, malgré les points massorétiques, un juif oriental comprend à peine aujourd'hui l'hébreu d'un juif russe ou polonais, combien la difficulté devait-elle être plus grande encore avant l'invention de ces signes.

Quant à la musique, elle était chez les anciens tellement inséparable de la poésie, que ce n'est qu'après l'invention des premiers instruments que Moïse place le premier langage poétique dans la bouche de Lémech (Genèse, IV, 21, 23, 24). Or, toute musique doit s'adapter aux syllabes, aux pieds, à la césure, aux vers et au poëme. Il faut que le compositeur se pénètre de la pensée de l'auteur, de manière à établir une parfaite analogie entre l'expression poétique et la phrase musicale. On peut défier nos Halévy, nos Meyerbeer, de mettre en musique un poëme syriaque ou chaldéen tel que אקדמות, s'ils ne connaissent pas la valeur de chaque mot (1).

La musique des anciens Hébreux devait être d'autant plus parfaite que les auteurs de nos psaumes et de nos cantiques

---

(1) Azarias de Rossi, dans son מאור עינים, chap. LX, après avoir traité de la métrique particulière à chaque genre de poésie, ajoute, en parlant de la musique, השיר צריך להיות מכוון אל הקול כמו הקול ישיר. Le poëme doit être au chant ce qu'est le chant au poëme. Pour corroborer ce principe, si élémentaire qu'il n'a pas besoin d'appui, il invoque néanmoins l'opinion de Fl. Joseph, Philon, Kousari (*Dialogue* II), Moïse Ibn-Chabib, Abrabanel, etc.

Ils ne se doutent de rien de tout cela ceux qui, prenant היום הרת עולם pour une ariette, y adaptent l'air bachique ; בכל ת ייני ; ceux qui mettent en musique la *Mischna*, VIII, section 3 ; II, section 4 ; III et IV, section 5, du traité יומא. Le קדיש s'assaisonne à toute sauce : tantôt sur l'air de *Cadet Roussel*, tantôt sur *J'ai du bon tabac*, tantôt sur *J'aimons que l'on chante gaiment*, tantôt sur la sotie allemande *Sechs* étaient à la fois poëtes et artistes, et n'avaient pas besoin de confier à un compositeur la traduction en langage musical de leurs pensées et de leurs sentiments; ils pouvaient combiner la coupe de leurs phrases de la manière la plus avantageuse à l'harmonie qu'ils y adaptaient eux-mêmes.

Tochter hab' Ich, etc. Dans notre première révolution, j'ai entendu יגדל sur l'air de la *Marseillaise*; mais, comme la mesure des deux poèmes n'est pas la même, il fallait chanter : « Allons enfants de *lâ patri*, en allongeant l'*a* et en élidant l'*e* muet. Voilà pour des vers métriques. Mais, le lendemain, j'ai entendu le même air sur כלם אהובים ! Peter Berr a dit avec raison, en parlant de notre liturgie : « *Sie beten Logik und singen Metaphysik;* ils prient de la logique et chantent de la métaphysique. »

Que dirai-je de la déchirante élégie אלי ציון, qui résume toutes les calamités d'Israël? Ici l'on doit s'attendre à l'air le plus lugubre. Aucun artiste ne croira se méprendre en devinant une facétie, tout au plus une danse de barcarolle. Nous entendons même dans nos plus grandes solennités, chanter en chœur un poème comme celui-ci : 1, 1 et 1, 1 et 2, 1 et 3, jusqu'à 1 et 7.

Le rapport de la musique à la poésie, et, comme on le voit, à la plus plate prose, est aussi un soulier de Théramène.

Un compositeur du plus haut mérite, directeur d'une succursale du Conservatoire de musique, ayant assisté au cérémonial de notre soirée dite de *Kol-nidrei*, et remarquant la nombreuse assemblée, se frapper la poitrine en chantant ועל חטאים, me posa ce dilemme : « Etes-vous gais? êtes-vous tristes? Si, gais, pourquoi vous frapper la poitrine? si, tristes, pourquoi chanter en allégro? » Tous ceux qui connaissent la mélodie synagogale de cette confession apprécieront la justesse de cette remarque. Néanmoins, l'audition de la formule כל נדרי a donné à notre ancien directeur (non israélite, bien entendu), une bonne opinion de notre *poésie religieuse hébraïque*. Trois mots, trois contre-sens. Pitié! pitié!

Il serait plus que temps que la commission chargée de régler le chant synagogal mît la main à l'œuvre; mais pour y procéder, il ne suffit pas d'être excellent compositeur, il faut, de plus, posséder une parfaite connaissance de la valeur de chaque expression du texte, la vraie prononciation de chaque syllabe, l'entente de l'ensemble de chaque phrase et de la mesure de chaque vers. N'allez pas, comme Higros-ben-Lévy, faire flétrir votre réputation par la postérité (יומא פ' ג' משנה י"א).

Quant à nos airs *traditionnels*, qui doivent être respectés comme l'arche sacrée, soyons persuadés qu'il n'est jamais venu à l'idée des auteurs de notre liturgie primitive, de notre קדיש, de notre התרת נדרים, de nos וידוים, de nos אבינו מלכנו qu'on pousserait l'extravagance au point de chanter un tel formulaire de dévotion.

En fait de tradition, comme pour toutes nos pratiques, ayons toujours

Revenons à nos Massoreth.

Nous les avons vus fixer sur des principes invariables les règles de la prosodie hébraïque. De là, à la création d'une versification d'après le rhythme, la quantité, la césure, il n'y a qu'un pas. N'avait-on pas pour modèles toutes les langues scandées, les vers grecs, latins, syriaques, arabes, peut-être même la poésie des Brahmes, de ces prêtres indiens qui ne peuvent pas encore s'expliquer aujourd'hui comment on écrit en prose?

Mais ce n'est pas tout que de savoir versifier; il faut aussi suivre une sage méthode dans la composition; se diriger d'après les principes certains tirés des règles infaillibles du raisonnement; posséder une saine *logique*, qui est la première des sciences, pour nous conduire droit à la vérité à travers tous les piéges du sophisme, à l'opposite de la *dialectique*, science mensongère qui répand l'obscurité sur les vérités les plus évidentes; qui s'oppose à tout progrès par de méchantes subtilités induisant en erreur. C'est encore notre immortel Maïmonides qui, pour mettre un frein à ce dévergondage de la raison, à cette maladie de l'esprit, nous a dotés d'une logique, מלות הגיון; d'une éthique שמונה פרקים; d'une ermeneutique, מורה נבוכים, trois ou-

---

plus de confiance dans les *H'achamim* mauresques-espagnols que dans les vieux rabbins germanico-polonais, qui avaient oublié jusqu'à la prononciation de l'alphabet hébreu. Or, Isaac Alphès, qui arrivait en Espagne en 1089, déclare déjà (*Réponses* n° 218), que nos poèmes religieux sont chantés sur les airs des romances amoureuses de la brûlante Arabie. Israël Negara, dans ses זמירות ישראל, avait le soin de marquer, en tête de ses *Pioutim*, les airs des chansons arabes sur lesquels ils devaient être exécutés.

Il est cependant vrai que le célèbre Jacob Lévy מהרי"ל, ayant eu le malheur de perdre sa fille aînée, s'est livré à un examen de conscience pour connaitre la cause de cette mort prématurée. Comme il était חזן, il n'a pu l'attribuer qu'à un changement qu'il avait introduit le Rosch-Haschanah précédent dans le chant de היום הרת עולם!

Rien que la mort n'était capable
D'expier son forfait..........

Donc si d'aventure, dans trois ou quatre siècles, l'air de *Marie trempe ton pain* ne laisse plus de souvenir que dans le chant synagogal, nos conservateurs futurs, capables d'en faire remonter la composition aux Lévites du premier temple, se mettront à crier: אל תשיג גבול עולם!

vrages capitaux, propres à redresser le jugement égaré, à diriger la conduite de l'homme, à le préserver de toute idée superstitieuse.

> Aimez-donc la raison : que toujours vos écrits
> Empruntent d'elle seule et leur lustre et leur prix.
>
> BOILEAU.

Mais la Grammaire, la Rhétorique, la Versification, la Logique, la Philosophie et même la Poétique, rien de tout cela ne fait encore le poète ; ne donne même pas le style à celui que la nature n'a pas doué des trois qualités indispensables dans toute composition littéraire ou artistique : le *génie*, qui invente ; le *goût*, qui lui sert de guide, et l'*imagination*, qui se repose dans les peintures douces et agréables, ou s'agite dans les convulsions de la rage et du désespoir.

L'art poétique a aussi ses règles puisées dans l'observation sur la nature et le sentiment. Ces règles ont été tracées par Aristote, Horace, Boileau, etc.

Sans doute, les goûts sont relatifs : le Cosaque préfère le schenaps au vin de Madère ; le paysan rira au spectacle de polichinelle, et bâillera à une représentation de Talma ou de Rachel ; tout enfant s'extasie devant une caricature, et passe outre devant un tableau de Rubens. C'est aux hommes de goût et de tact qu'il faut plaire ; le beau simple et naturel l'emporte toujours sur le fade, le précieux et l'affecté, maladie de l'esprit qui avait tellement gangrené certains poètes juifs du moyen-âge, que, pour arrêter cette dégénérescence, si le simple bon sens pouvait se faire écouter, Juda Alcharisi, célèbre poète du onzième siècle, avait jugé nécessaire, sinon de traduire Aristote et Horace, du moins de tracer quelques règles spécialement applicables à la nouvelle poésie hébraïque qui venait déjà envahir le domaine de la liturgie.

Voici, en résumé, les conditions que le législateur du Parnasse hébraïque impose à ses nourrissons :

« 1° S'abstenir de toute expression insolite, observer le langage dans toute sa pureté, à moins de vouloir ressembler à ces poètes juifs grécisés, qui mêlent l'ivraie hellénique aux bons grains de l'hébreu.

« 2° Se tenir strictement à la mesure des vers, ne pas augmenter ou diminuer arbitrairement le nombre des syllabes, comme cela arrive à ceux d'entre nous qui, se croyant poètes sans avoir aucune notion des exigences de la versification, nous donnent des phrases tantôt longues, tantôt brèves, sans égard à aucun principe.

» 3° Tout sujet de poème doit être un, invariable, substantiel, et rouler sur une matière instructive. Les vers des Juifs Babyloniens sont dénués de sens.

» 4° La pensée du poète ne doit jamais être voilée ; il faut qu'elle soit clairement rendue et intelligible à tous. Les juifs français poétisent de la sorte que leurs poèmes ne peuvent se passer de commentaires.

» 5° Il faut que le poète possède sa grammaire, sans jamais en violer la moindre règle. C'est par ce côté que pèchent ceux de Damas, qui n'appliquent pas à leurs compositions les principes de la linguistique. Leur Rabbi-Isaac-ben-Baruch a fait des poèmes composés de débris de poterie ressoudés ensemble, de brins de paille sans grains : expressions hétéroclytes, flux de paroles d'où ne jaillissent que des eaux amères. Sa matière est plus froide que neige ; ses héros sont mous, ses hommes, efféminés, ses saints, dissolus ; autant de mots, autant de barbarismes. Il a compté sur d'ignorants flatteurs, incapables de discerner s'il pousse des cris de joie ou s'il se lamente, s'il chante ou s'il brait. (1). »

» 6° Le poète ne doit jamais se hâter de livrer son premier jet au public. Revenez-y à plusieurs reprises : limez, polissez ; rien de plus ridicule que de produire un avorton de propos délibéré.

» 7° Il ne faut pas non plus que le poète qui se respecte importune le monde de tous les fantômes de son imagination. Faites

---

(1) Nous serions étonné qu'Alcharisi eût en vue le premier des cinq Isaac qui illustrèrent l'Espagne du onzième siècle par leur savoir profond et si varié. Isaac-ben-Baruch d'Espagne, fut appelé à la cour d'Abul cassem-Ebn-Abad, dit le mathématicien, roi de Séville, pour donner des leçons de mathématiques et d'astronomie à ce souverain. Il écrivait avec facilité l'hébreu, le latin, le grec et l'arabe, vécut dans une haute considération chez les grands des Sarrazins africains.

On peut cependant être savant distingué et poète médiocre.

un choix judicieux dans ce que vous avez de mieux : il n'est pas donné à chacun de réussir dans tous les genres.

» 8° Songez surtout que vous écrivez pour toutes les classes, pour le vulgaire comme pour l'homme de lettres : si vous ne voulez pas être compris, n'écrivez pas. » (*Tachkemoni*, chap. XVIII.)

Les principes de l'art sont les résultats des observations faites, par les hommes de goût, sur les produits de l'esprit humain antérieurs aux règles. Jamais peuple ne s'est concerté pour composer d'abord une grammaire, et parler et écrire ensuite : on avait parlé, on avait écrit, tant bien que mal, avant l'existence de toute grammaire. Des idéologues sont venus ensuite porter leurs investigations sur les raisons instinctives qui avaient déterminé l'élite du peuple à adopter telle construction, telle forme de langage de préférence à toute autre, et la langue eut ses lois qu'il n'est plus permis de violer sans afficher son ignorance. Il n'appartient qu'à un stupide despote de s'écrier devant les prélats du concile de Constance : « *Ego sum rex Romani et super grammaticam* (je suis Empereur romain et au-dessus de la grammaire.) »

Il en est de même de la poésie : ce n'est pas l'art poétique qui forme le poète, pas plus que la rhétorique ne fait l'orateur. Il existait d'excellents poètes avant Horace, comme de brillants orateurs avant Quintilien, et c'est précisément de l'étude de ces modèles qu'on a induit le bon goût en préceptes. Quiconque ignore ces règles fait de la poésie comme le bourgeois gentilhomme faisait de la prose : ce qui n'empêche d'ailleurs pas d'occuper une des meilleures places au milieu des saints du paradis, mais cela ne donne pas le droit de se dire *poète*, פייטן.

XI.

LE FEU SACRÉ SE RANIME.

Période de culture de l'école mauresque-espagnole.—Nouvel âge d'or de l'hébraïsme.—Explication de ce phénomène en plein moyen-âge.—Expiation d'un vandalisme rabbinique.—Nos vrais poétanim étaient-ils ascètes ou hommes du monde? — Ne jetons pas notre pain blanc aux chiens.—Rimes sans raison.

C'est parce qu'il y avait de bons et de mauvais poètes hébreux avant Alcharisi que celui-ci a pu, par la comparaison, indiquer les règles à suivre et les écueils à éviter.

Frappés des brillantes images de la poésie grandiose de l'Orient, dominés par l'influence du beau idéal sur le sentiment, abîmés dans la contemplation des merveilles de la nature et de la grandeur infinie de cette Providence qui y préside, des hommes qui portaient pour nom Haï-Gaon, Saadia, Maïmonides, Gabirol, Samuel Hanaghid, Ibn-Esra, Juda Halévy, Isaac-ben-Ghiath, etc., avaient commencé à rivaliser avec les poètes de leur époque, et se sont placés rayonnants au milieu des pléiades du ciel de la poétique Arabie. Grâce à la famille des Tibbon, les Munck de leur siècle, nous savons ce qu'ont prêté à la richesse de cette belle littérature, sous la domination de plusieurs califes éclairés, nos poètes, nos savants, nos moralistes philosophes, nos gnomologues, etc.

Ces athlètes, après avoir débuté en maîtres dans leur littérature nationale (1), se sont essayés avec non moins de succès à s'inspirer des sublimes beautés de Moïse, de Job, de David, de Salomon, d'Habacuc, de Jérémie, etc. Le feu sacré, depuis longtemps éteint en Israël, se ranima d'une vigueur juvénile. Ces imaginations ardentes nous montrèrent, sous un nouveau jour, la vie qu'une langue morte peut reprendre sous la puissance du

---

(1) L'arabisme dominait alors en Espagne et en Portugal, comme en Egypte et dans l'Asie-Mineure.

génie. Leur poésie est belle à charmer les anges: elle joint, à la grâce et à l'élégance de l'expression, la force et la profondeur de la pensée: leurs sujets sont puisés dans les récits de la Bible ou dans les merveilles de la création; leur hébreu est pur et sans mélange hétérogène. Rien d'obscur, d'énigmatique: il suffit d'être hébraïsant pour les comprendre.

Pour s'expliquer ce phénomène littéraire en plein moyen-âge, il faut savoir que la Mosquée et l'Ecole n'avaient rien de commun sous les califes. Maïmonides, notre plus grande illustration, après avoir suivi les leçons publiques d'Ibn-Tophail, devint lui-même professeur de médecine et de philosophie à l'Académie de Cordoue. Son condisciple Averroès (Ibn-Rushd), d'autres disent son maître, était son meilleur ami, comme le philosophe de Wolfenbuttel l'était de Mendelssohn. La plaie de la néo-orthodoxie, c'est de se représenter nos grands hommes à son image: elle est capable de faire faire תשליך et כפרות au patriarche Abraham et de le prouver par la Bible; elle ne connaît même pas l'esprit dominant actuel; elle répète le mot d'une époque néfaste: « Périssent les colonies plutôt qu'un principe! » Encore si principe il y avait!

Un second fait qu'il ne faut pas oublier, c'est que jamais les compositions poétiques n'avaient reçu plus d'encouragement que sous les califes de l'époque de nos premiers *poétanim*. Ces souverains mahométans, une fois paisibles possesseurs des terres conquises, négligeaient souvent les intérêts de leurs Etats pour se livrer à la poésie. Les poètes vivant à la cour, étaient comblés de faveurs. Pour parvenir à un haut rang social, il fallait être médecin, philosophe, astrologue, et surtout poète. Les exercices poétiques étaient de mode, : c'est ce qui explique la présence, à la cour des califes, de tant de poetes juifs du dixième et du onzième siècle; c'est ce qui nous donne la raison de la masse des *pioutim* dont ils ont enrichi la littérature moderne.

Ces hommes étaient-ils saints, prophètes, divinement inspirés? Ils l'étaient comme vous et moi, cher lecteur; les plus éminents d'entre eux figuraient en hommes du monde; Maïmonides lui-même, malgré tous ses titres, n'a jamais été ni voulu être rabbin nulle part: ceux qui l'ont anathématisé l'étaient. Son *Moreh* fut brûlé à Paris par l'inquisition rabbinique, l'an 5004 de l'ère judaïque. Alors, un nouveau Jonas aurait pu s'écrier en toute vérité: עוד ארבעים יום ונינוה נהפכת!

Quarante jours après ce crime de lèse-philosophie religieuse, le vendredi 21 Tamuz de la même année, on préluda à la persécution et au bannissement par un auto-da-fé de tout ce qu'il y avait à Paris d'exemplaires du Talmud, qui furent brûlés sur les cendres encore fumantes du *Guide des égarés*. (Voir l'introduction de *Carmoly au* טעם זקנים, d'Eliezer Askenasi, pages VIII et IX, et la lettre de Rabbi Hillel, page 71 et suiv.)

Nous avons dit que la plupart de nos bons *poétanim* espagnols étaient hommes du monde. Ceci n'a pas besoin de preuves : leurs compositions sont là pour l'attester : Gabirol, qui était si bien en cour, chante le jus de la treille, כְּבָלִית יֵינִי, avec autant d'entrain qu'il met d'onction dans les louanges du Créateur. Alcharisi, qui nous fait tant rire dans son תחכמוני, qu'on nous a défendu de lire le sabbat, (pourquoi pas dans la semaine ?), nous arrache des larmes dans ses litanies (סליחות) ; Abul-Hassan, ou, si vous l'aimez mieux, Rabbi Yehoudah-Halévy, auteur du *Kosari,* soupire ses amours comme il gémit une *Sionide*. Vous ne connaissez peut-être pas ses adieux *à sa gazelle chérie, cette mer de larmes* ,ים דמעיה , *qui le sépare de l'objet de sa tendresse; ces baisers de feu qu'il ne peut plus ravir aux lèvres vermeilles. Ah! si du moins le frôlement de la robe de sa bien-aimée pouvait le faire tressaillir dans la tombe!* (Voyez cet admirable morceau de poésie hébraïque et de plusieurs autres du même auteur, dans *le Divan* de Geiger, page 18, et dans l'*Annuaire* de Liebermann, année 1854, תרי"ד, pages 80 à 87.)

Les plus haut placés de ces *poétanim*, que le stabilisme moderne voudrait faire à son image atrabilaire, ne pleurnichaient pas du matin au soir ; ils aimaient, comme tout autre, la gaieté, la plaisanterie, la vie sociale et mondaine. Nous avons une foule d'énigmes, de satires, de mordantes épigrammes de Moses et d'Abraham-Ben-Esra. Une lutte poétique, engagée entre ce dernier et Jacob-Tam רבינו תם, finit par un échange de compliments qui n'est qu'une cajolerie. (Voir עומר השכחה d'Abraham Gavisson, page 127, et la belle traduction en vers français par le rabbin Jacques Schwab, dans le *Lien d'Israel*, 1856-57).

Le célèbre Rabbi Sabathaï-Hayem-Marini, de Padoue, après avoir versifié les *Pirké-Aboth*, composé de superbes *Pioutim*, a rehaussé la gloire de sa couronne poétique par la traduction en vers hébreux, d'après le rhythme latin, des *Métamorphoses d'O-*

ride, sous le titre de שירי החליפות, vrai tour de force que de plier la langue de l'Ecriture sainte à ces scènes mythologiques. Cependant, le docteur Marini était un *Morénou* très-pieux du dix-septième siècle; mais ne confondons pas la piété éclairée avec le bigotisme obscurant. Fénélon aussi était très-pieux, ce qui ne l'a pas empêché de traduire l'*Odyssée* ni de donner dans son *Télémaque*, sous l'emblême de la fable, les conseils de la morale la plus pure.

Jamais *poëte* ne s'est tant moqué de ses propres œuvres comme l'a fait Léon de Modène. On sait que ce spirituel rabbin a composé un nombre prodigieux d'écrits sur diverses matières et en différentes langues; plusieurs de ses *pioutim* ont été accueillis dans les principales synagogues. Cependant, dans sa בחינת הקבלה, après avoir parlé de la nécessité de prolonger l'office divin, les jours de fêtes, par d'utiles prédications, il ajoute : לא ביוצרות צרות, ולא בפיוטים פטפוטים, חלילה וחס ! « Mais non par de déplorables *iozeroth* ni par le verbiage des *pioutim*. Dieu nous en préserve ! » Et notez bien que Léon de Modène était un de ces rabbins italiens du rite portugais dont les compositions exhalent un parfum de lys et de rose pour ceux qui savent sentir; que lui-même est magnifique dans son délicieux *Psamon* :

יום זה יהי משקל כל חטאתי

Si, dans sa modestie, il appelle cela *déplorable verbiage*, comment aurait-il qualifié les *pioutim* du rite germanico-polonais ?

Il ne faut pas jeter son pain blanc aux chiens, disait un célèbre Essénien. Ne serait-ce pas se moquer d'un pauvre aveugle, que de prétendre le réjouir par la variété des couleurs ? C'est sûrement par ce motif que la plupart des synagogues portugaises, même celles de Jérusalem, ont réformé leurs *pioutim*. Nos rabbins d'Allemagne, assez incrédules pour dédaigner les דברי הברית (le livre bien entendu) et les תורת הקנאות, et assez crédules pour prendre au mot la Mischna *sèche*, comme on dit (סוטה פ"ו א'), vont plus loin. Pour ne pas stupéfier leur public, ils le font prier en allemand. Dans ce centre de civilisation qui s'appelle France, la chose est un peu plus difficile : l'habitude de *rimer* y a tellement pris le dessus qu'il n'y a pas encore quinze ans, dans un oratoire qui devrait servir de modèle à toutes les synagogues, plus de cinquante personnes ont pu entendre, de la bouche de l'officiant, les vers suivants ;

ודוד עבדך אמר לפניך שגיאות,
מי יבין מנסתרות,
נקני נקנו,
ה' אלהינו,
מכל פשעינו'
וטהרנו'
מכל טמאותינו, וכ':

Ce שליח צבור avait-il du moins racheté son ignorance hébraïque par le charme de sa voix ? Un magistrat haut placé, que la curiosité avait attiré à cette assemblée d'élite, s'est très-sérieusement informé, le lendemain de sa visite, si l'officiant qu'il avait entendu chanter la veille, n'était pas pris de vin. C'était le Kippour !

XII.

KALLIR.

Revue rétrospective de poëtes qui n'ont de merveilleux que leurs compositions. — Changement de scène. — Kallir, Kilir ou Klilir, originaire d'une ville qui n'existait plus depuis longtemps. — Ses poésies étaient à son usage propre. — S'il a vécu à l'époque anté-Misnaïque, il a dû atteindre l'âge de Mathusalem. — Ses ascensions pour dérober au ciel la mélodie des anges. — Contre-visite des anges dans une illumination forestière, fait attesté par les Excellences lorraines. — Deux grammairiens, quelque peu incrédules, qui s'en moquent. — Anagramme de *Minhag*. — Tant vaut le rabbin, tant vaut la religion.

Nous avons jeté un coup-d'œil très-rapide sur le lyrisme hébreu de l'école mauresque-espagnole. Là tout est clair, pur, naturel, connu. Nous y trouvons une histoire littéraire suivie, régulière, commençant par Saadia, progressant, dans les diverses phases de sa gloire, sous le pinceau de Gabirol, de Maïmonides, des frères Ibn-Esra, de Juda Lévy, de Juda-Samuel-Abas, de Joseph Hasobi, des deux Kimchi, de Schem-Tob-Ardutiel, d'Isaac-ben-Israël, de Léon de Modène, etc., etc. Tous ces noms sont historiques, connus du monde savant : aucun nuage ne les voile, nul mystère ne les enveloppe, rien de problématique sur les lieux, les époques de leur existence. On ne fait faire des miracles à certains d'entre eux, à Maïmonides surtout (qui ne fondait pas sa foi sur des miracles), que dans un bouquin, en patois judaïco-allemand, intitulé מעשה ביך, recueil de sottises et d'extravagances qui, dans le bon vieux temps, faisait les délices de nos bonnes femmes et de nos idiots.

Les choses se présentent sous une face tout autre si nous abordons les *pioutim* introduits dans le rite askenasi-polonais. Le premier et le plus ancien des poètes en rang, est incontestablement Rabbi Eléazar-Ha'Kallir. Est-ce Kallir, ou Kilir, ou Klilir ? Ici nous pouvons, sans hérésie, convenir que les trois n'en font qu'un : nous le reconnaissons au même style, à la même allure. Laissons à nos paléographes le soin d'expliquer cette triple dénomination, déjà si propre à nous dérouter.

D'où était-il? —de *Kiriath-Sépher*.— Mais le nom de cet endroit avait déjà subi deux transformations du temps de Josué : d'abord *Kiriath-Sana*, ensuite *Debir* (Josué XX, 15, 49). Ce lieu, privé d'eau, n'était plus habitable depuis bien longtemps avant l'existence de notre poète. D'après les données géographiques et l'analogie du nom de l'ancien *Debir*, c'est la vallée déserte appelée par les Arabes *Wady-Dibir*. *Kallir*, se disant de *Kiriath-Sépher*, veut donc, selon son habitude, jouer sur les mots, faire compliment à ses concitoyens, en qualifiant leur ville du titre de *bibliophile*.

Où était cette *ville lettrée?* Selon les uns, c'était en Grèce ; selon d'autres, en Italie. L'opinion qui me semble prévaloir est celle qui lui donne pour résidence *Cagliari* (prononcez *Caliari*), en Sardaigne, d'où le nom de *Kalliri* (*Cagliarien*).

A quelle époque existait-il ? Il vous indique lui-même la dernière moitié du dixième siècle. Le temple a été détruit l'an 70 : ajoutez-y 900 *ans et plus* תשע מאות ועוד, et vous avez une date incontestable, si l'arithmétique ne ment pas. Mais si, comme le fait observer M. Munk, Saadia, mort en 942, cite déjà Kallir comme un poète ancien, il faut qu'une main étrangère ait falsifié la date vraie. Quant à l'époque tanaïque, il n'y a pas à y penser.—Moïse Alh'arisi, qui cite presque tous les poètes hébreux, pour en faire la critique ou l'éloge, ne daigne pas seulement le mentionner. Est-ce oubli? est-ce dédain? Ni l'un ni l'autre. Kallir, comme nous le verrons plus loin, était ministre officiant. A ce titre, il avait seul charge de présenter l'offrande de la prière au nom et en place de sa communauté, dont il était le *représentant,* שליח צבור. Va présenter l'offrande pour nous, צא וקרב בעדנו, a été dit avant nous. Amram-Gaon, dans ses *Schibolé H'alékel,* הלכות יה"כ, § 19, dit positivement que les *pioutim* ne sont faits que pour être exécutés par le chantre seul. Dût-on s'appeler Rabbi Chanina, on ne se permettait pas d'interrompre l'officiant durant l'exercice de ses fonctions, même quand il improvisait (voir page 26). Kallir, savant, érudit et hardi poète, usait donc de son droit en introduisant, dans les offices des fêtes, des morceaux de sa composition, pour suppléer à la prédication, et, pas plus qu'au prédicateur moraliste, on ne se serait avisé de lui imposer silence, d'autant moins que sa piété et sa supériorité étaient notoires, ce qui ressort de ses élucubrations mêmes, qui sont un des plus curieux monuments de la renaissance de la poésie hébraïque depuis la clôture du canon.

L'imprimerie n'existait pas. Les communautés mauresques-espagnoles, avec leur goût esthétique, leur philosophie religieuse, la pureté de leur style, ne pouvaient s'accommoder ni des libertés que se donnait Kallir contre l'usage de la langue hébraïque, ni des matières qu'il faisait entrer dans le domaine de la poésie. Ses compositions, faites pour son usage personnel, comme nous le verrons, et non pour le peuple, tombèrent dans l'oubli par la modestie même de leur auteur, et ne furent exhumées que quelques siècles après sa mort. La critique historique n'était pas le fort de l'école française du douzième et du treizième siècle; il suffisait d'avoir trouvé en acrostiches son prénom d'*Eléasar* pour le confondre avec tous les *Eliéser* et les *Eléasar* mentionnés dans la *Mishnah*.

Mais nos *Tanaïm* ne rimaient pas, ne faisaient ressortir leurs noms ni en acrostiches ni en lettres numériques, ne pouvaient citer ni les opinions ni les institutions des docteurs postérieurs à leur époque, ne pouvaient prévoir que Juda le Saint recueillerait leurs décisions en *six* codes, ni plus ni moins, שם הליכות עולם ששה; ils ne pouvaient connaitre les noms ni les figures que donneraient les Massoreth de Tibériade à nos points voyelles; mais nous ne voyons mentionner aucun vers de Kallir ni dans les deux Talmud, ni dans le Midrasch, ni dans aucun auteur antérieur au dixième siècle; mais le style de nos Tanaïm ne porte pas le moindre cachet de la manière de Kallir; mais le rite portugais n'aurait jamais osé répudier les produits d'un Tanaï. A tout cela on vous répond : Voulez-vous le disputer à Raschi, à Rabenou-Tam, aux Thosephoth et à tant d'autres illustres rabbins? Leur témoignage nous suffit? לא סתור ; nous ne pouvons pas les contredire. *Magister dixit.*

On prouve, avec la même force logique, que notre poète a été palestinien, parce qu'il n'aurait composé de *pioutim* que pour les premiers jours de fête. Donnez-vous la peine d'ouvrir votre rituel, et Kallir vous donnera lui-même un démenti flagrant par ses *pioutim* du second jour de Pâques et de Soukkoth.

Du moment qu'envers et contre tous, Kallir a été proclamé Tanaï, il fallait nécessairement en faire un thaumaturge. Il fait environ trois cents ascensions, une par *piout*, et l'ange Michaël lui passe le répertoire du conservatoire céleste. Quelle perte pour l'art que *d'avoir osé porter une main destructive* sur ces divines mélodies! qui nous les rendra?

Cependant, comme il en coûte moins aux anges de descendre à terre qu'il n'en coûte à nous, privés d'ailes, de monter au ciel, Rabenou-Tam rapporte ce système plus rationnel : « J'ai en-
» tendu de feu mon père, qui l'avait entendu de ses maîtres, qui le
» tenaient des Gheonim de la Lorraine, גאיני לותיר que lorsque
» R. Eléazar-Ha'kallir entonnait le piout,

« וחיות אשר הנה מרובעות כסא,

» c'était au milieu de la forêt. Soudain, il y eut une apparition
» sinaïque : Une flamme céleste vint l'envelopper.... (1) »

(1) Rabenou Tam consigne le fait; tout est dit. L'esprit critique ne doit pas aller plus loin.

Incrédules Espagnols, qu'en dites-vous? où sont vos poètes à miracles? Encore si, à l'endroit de nos poétanim, à nous, vous vous

---

Pour l'édification du lecteur, remontons aux sources *hagadatiques* de cette fable.

Remarquons d'abord, qu'à l'époque contemporaine même, il y avait déjà confusion entre Rabbi Eliézer ben Hyrcan et Rabbi Eléazar ben Arach, puisque les mérites que leur maître Rabban Iohanan ben Zakkaï attribue au premier, Abba Saül, *sans craindre la contradiction*, les applique au second. (Aboth, Ch. 2e, Mishna 8).

Le feu céleste joue un grand rôle dans l'histoire de ces deux Tanaïm, conséquemment dans celle du poète de Cagliari, qui s'appelait également *Eléazar*. Rien de plus logique.

(Confrontez Sanhédrin f° 48 et 101, Haghigha f° 14 et 15; même traité du Talmud Jérusalémite f° 72; Sohar, section ויירא).

Voici quelques exemples de ces feux miraculeux apparus à l'un ou à l'autre de ces deux Tanaïm.

Rabban Iohanan ben Zakkaï, monté sur son âne, se promena un jour à la campagne, suivi de Rabbi Eléazar ben Arach. La conversation suivante s'engagea entre eux :

R. Eléazar. Bon maître, raconte-moi quelque chose de la *Merkaba*, (Char céleste).

R. Iohanan. Ne t'ai-je pas dit qu'il était défendu de s'en entretenir, même tête-à-tête, à moins que le disciple ne soit assez apte à y atteindre par ses propres efforts?

R. Eléazar. Dans ce cas, permets-moi de répéter la leçon que je tiens de toi-même.

R. Iohanan. Soit. (Il descend de sa monture, se voile la figure, et s'assied sur une pierre, sous un olivier).

R. Eléazar. Mon maître, pourquoi descends-tu?

R. Iohanan. Comment resterais-je sur l'âne lorsque tu débutes par une matière tellement sainte qu'elle fait descendre la majesté divine sur nous; qu'elle appelle les archanges sur la terre?

R. Eléazar entre dans l'exposition de son sujet. Soudain le feu du ciel enflamme tous les arbres, qui se mettent à chanter en chœur le Psaume 148; du milieu des flammes la voix d'un ange fait entendre ces paroles : « Oui, certes, c'est là la vraie *Merkaba!* »— Iohanan se lève, baise la tête d'Eléazar en s'écriant : « Béni soit le Dieu d'Israël d'avoir donné à Abra- « ham un descendant capable de saisir, de méditer et d'exposer ainsi la « *Merkaba!* Tel prêche bien sans donner l'exemple; tel autre donne le « bon exemple sans savoir prêcher; en toi, mon fils, ces deux qualités sont « réunies. Heureux, ô Abraham notre père! de compter un Eléazar ben « Arach parmi tes enfants! »

On raconte de Rabbi Eliézer ben Hirkan qu'étant dangereusement malade, il reçut la visite de ses disciples ayant Akiba à leur tête. Ce dernier, les larmes aux yeux, sollicita le moribond de lui dévoiler encore teniez sur la réserve ; mais votre Ibn-Esra, parce qu'*il ne peut pas s'expliquer une seule des mille erreurs de nos pioutim*, est-il en droit de nous y faire renoncer (1) ? Le malheureux ! que n'est-il allé consulter son rabbin ou les nôtres ?

Votre Kimchi, dont vous dites אם אין קמח אין תורה, pousse la hardiesse plus loin : il accuse ceux qui récitent nos pioutim d'une double transgression, savoir : *de se charger eux-mêmes d'un énorme péché, et de remémorer le péché de leurs auteurs. Dieu nous préserve de la corruption de leur langage ; ne nous y heurtons pas, même par ignorance* (2).

Et la puissance de l'usage donc ?... Ah ! s'écrient Rabenou-Tam lui-même (3), Margalioth (4) et d'autres, מנהג *est l'ana-*

---

quelques mystères de la loi. Eliézer lui expliqua la *Merkaba*, et une flamme d'en haut vint les envelopper tous deux.

Il est encore question du même Rabbi Eliézer dans le récit suivant placé dans la bouche de l'hérétique Elisa Ah'er.

« Mon père, raconte-t-il, avait réuni au festin de ma circoncision les « hommes d'élite de Jérusalem, parmi lesquels R. Eliézer et R. Josua figu- « raient au premier rang. Après le repas les joyeux convives se mirent à « chanter, à danser, à sauter. R. Eliézer dit à son collègue : laissons » ceux-là se livrer à leur goût mondain, occupons-nous de ce qui » est notre partage, à nous : la Thora, les Prophètes et les hagiographes. » Et voici la flamme lumineuse qui vint les entourer. Mon père, effrayé, » leur demanda s'ils avaient envie d'incendier la maison ? A Dieu ne » plaise ! lui répondirent-ils, ce n'est que la gloire céleste. N'est-ce pas du » milieu des flammes que sortirent les dix paroles du Sinaï ? S'il en est » ainsi, dit mon père, je voue mon fils à l'étude de la *Thora*.

Ce vœu, ajoute le narrateur, n'ayant été émis qu'en vue d'une ambition personnelle, les études d'Elisa tournèrent en mal.

N'oublions pas, lecteur, que nous sommes au premier siècle, époque où les visions de ce genre trouvaient créance encore ailleurs. C'est précisément ce que j'ai dit de l'influence des idées dominantes. On rivalisait alors de miracles. Tout cela était pourtant inconnu à Flavius Joseph, l'historien de cette époque, le כהן משוח מלחמה.

---

(1) ולא אוכל לברר אחד מני אלף מטעיות הפיוטים, והטוב בעיני שלא נתפלל בהם. (פירש קהלת ה׳ א׳)

(2) .... לא נצא מדרך לשון המקרא כמו שעשו קצת בני עמינו הנקראים בשם פייטנים בקרובות אשר חברו, והוא חטא גדול עליהם, והמתפלל בהם מזכיר עונם ומחדש עון לעצמו, המקום יצילנו ממכשל הלשון לבלתי נכשיל בו שוגגים (ר״דק שרש עתר)

(3) שלטי הגבירים, דף ל״ב

(4) טל אורות, דף קי״א

gramme de נהגם. *Si les fous s'y attachent, ce n'est pas une raison pour les sages de les imiter, même un usage convenable ne fait pas loi.* אם שוטין נהגו, חכמים לא נהגו, ואפי' מנהג הגון אין עיקר. — Mais la discorde qui pourrait en résulter?... — Tranquillisez-vous : elle se réduit à trois jours de criailleries de quelques pédants mal-appris, et le peuple laisse faire. Le שיר היחוד quotidien vaut certes nos *pioutim*. Quelle opposition sa suppression a-t-elle éprouvée? Tout le monde y a applaudi.

Il en est de même de la suppression de la formule talmudique (Berakott, 55) pour le détournement des mauvais rêves et l'accomplissement des bons, réforme qui n'exigeait ni conférences ni lettres pastorales, et qui nous a délivrés d'un דוכן charivarique.

Par une application du verset הכון לקראת אלהיך (Amos, IV, 12), on ne se présentait autrefois à la Synagogue qu'en mantelet espagnol et chapeau à la Crispin; c'était le *Minhag*. Aujourd'hui, on s'exposerait à la risée, dans un pareil acoutrement. Ces exemples pourraient se multiplier à l'infini. Lisez les מקירי מנהגים du rabbin Abraham Lewisohn, vous en verrez bien d'autres.

Pour le commun des martyrs, tant vaut le rabbin, tant vaut la religion. Si celui-là joue le rôle du חסיד שוטה, quelle idée donnera-t-il de la religion aux uns? quelle confiance peut-il inspirer aux autres?

XIII.

CONTRE-VÉRITÉS.

Preuves tirées de Kallir lui-même que ses compositions n'étaient que pour son usage personnel.—Prières pour la rosée et pour les faveurs d'*Aph-Beri*.—Hosanna aux mérites, à la science et aux lumières de héros qui ne s'en doutent guère.—Abrutissement de la créature par excellence.—Il faut hurler avec les loups, s'ils sont les maitres. — Etymologie du mot *brouhaha*. — Privilége de la chaire.—Peut-on sauver une langue par la conservation des monuments de sa corruption ?

Nous avons dit que les compositions de Kallir n'étaient pas faites pour être récitées par le peuple : c'est ce que nous allons prouver par lui-même.

D'abord, il n'y a que l'officiant qui puisse demander l'adhésion des sages et doctes présents, pour chanter le Roi des rois, et c'est ce qui se pratique en effet : מסיד חכמים ne se dit pas par l'assemblée,

Est-on aussi conséquent pour les choses que l'officiant demande la permission de débiter ? Ce serait trop logique. Ainsi chacun, à part soi, dit avec componction dans la prière pour la pluie : יורוני מה אדבר, פני תבה בעובר, ירשוני בעדם להשבר
« Que les fidèles m'inspirent lorsque je m'approche de la *Thé-*
« *bah ;* (place réservée à l'officiant *seul*, et qu'il ne faut pas con-
« fondre avec la *Bimah*), qu'ils me permettent d'intercéder en
« leur faveur. »

במות להדריך, בעד עם מעריך ..

» Je monte à la tribune t'implorer pour un peuple qui sait
« t'apprécier. »

פנים לי ישא, בציגתי פני כניסה

» Que Dieu m'accueille gracieusement, quand je me présente
» devant cette assemblée. »

קילי יערב ורנתי לפניו תקרב

« Puisse-t-il me douer d'une voix agréable! Puisse mon
» chant pénétrer jusqu'à lui ! »

רשות צעיר ורב, אטול טרם אקרב, רחש אבשר ויערב·
צדק בקהל רב: שליח למסתופפים, ציר לאסופים, וכ'

» Avant de disposer ma prière, je solliciterai la permission de
» nos jeunes gens et de nos anciens, j'énoncerai ma pensée.
» Puisse-t-elle être agréée avec indulgence au milieu de cette
» nombreuse assemblée. Messager de ceux qui ont franchi le
» seuil de cette enceinte, mandataire de ceux qui y sont réunis...
» je me présente sollicitant le bienfait de la pluie. »

La main sur la conscience, n'êtes-vous pas absurdes en vous disant tous messagers, envoyés, mandataires de l'assemblée? Ne mentez-vous pas à vous-mêmes en vous disant placés sur la *Thébah*, tandis que vous êtes assis sur vos bancs? La douceur et l'agrément de votre voix vous importent-ils beaucoup, lorsque ce n'est pas vous qui chantez? Est-ce à vous de demander la permission des jeunes et des vieux pour présenter au Seigneur l'offrande de la prière? Faut-il avoir mille fois raison pour rester dans ses torts contre l'étourdissante clabauderie de l'ignorance et de la mauvaise foi?

Voyons si nous sommes moins heureux dans nos citations de la prière pour la rosée, טל.

L'officiant, après avoir demandé à Dieu la permission de réjouir le peuple en parlant paraboliquement de la rosée, sollicite la même permission de l'assemblée elle-même,

ברעתו אביעה חידות, בעם זו בזו טל להחדות....
ארשה ארש רחשון....

« Puissent mes paroles ne pas déplaire, ma voix ne pas se fa-
» tiguer ! »

גרוני בל יונטל

» Avec l'assentiment de mes mandataires, j'attirerai les fidèles

» dans la maison du Seigneur. Les plus intelligents du peuple » m'ont convié à prendre place entre ces deux colonnes de » pierre(la Thébah). »

בינת עם מבינים .... תוכוני בין שני לוחות אבנים

» Ah ! puisse ma voix s'élargir comme les portes d'Ithon, au mi-» lieu de cette réunion que j'ai convoquée, priant pour elle ! » C'est de l'école des sages que je me suis rendu en ce lieu, » pour être l'organe de ceux qu'il faut ramener au bercail. Mais, » hélas ! moi-même j'ai les lèvres embarrassées ! etc. »

Les traducteurs de notre liturgie ont fort bien fait de ne pas traduire le רשות לחתן תורה ולחתן בראשית. Jamais le plus plat courtisan n'aurait osé encenser son maître par des épithètes aussi adulatrices, des bénédictions aussi délirantes que celles qui sont prodiguées à ces deux héros de la fête, qui, pour la plupart, ne se doutent ni des qualités qu'on leur attribue, ni des vœux extravagants qu'on fait en leur faveur ; j'en ai vu qui les récitaient dévotement eux-mêmes.

Le plus mince écolier peut remarquer que ce sont deux morceaux d'officiant, puisque cela débute par *la demande en permission des vieillards et des jeunes gens assis en rang*,

ומרשות זקנים ונערים יושבי שורה

mais les bonnes gens crient aussi avec le h'azan : « Arrive, arrive, « arrive, *H'athan Bereschith*. Du milieu de la congrégation des » fidèles, approche-toi d'ici aux cris de joie et d'allégresse, reste » à côté de moi sur cette tribune de bois, construite pour l'or-» nement du plus beau des édifices.... »

Kallir et l'auteur des deux derniers morceaux sont certainement innocents de cette ignorance populaire. Nous ne pouvons nous en prendre qu'au mauvais génie de nos guides.

L'homme, fait, selon l'expression de l'Ecriture, à l'image de son Créateur, s'abrutirait complètement, sous le poids continu du travail matériel. Si nos sabbats, nos fêtes n'étaient pas d'institution divine, il faudrait les inventer. Ce n'est pas de trop, qu'un jour sur sept, où, libre de toute occupation corporelle, la créature par excellence puisse méditer sur ses propres destinées, adorer Dieu en cœur et en esprit, contempler ses merveilles, lui rendre grâces de ses bienfaits, jouir aussi de quelques plaisirs innocents, יקראת לשבת ענג. Mais tout le monde n'étant pas apte à se livrer à ce genre de considérations, ni à se diriger soi-même, la Synagogue primitive avait institué le *drogman* ou מתורגמן, dont les fonctions consistaient à interpréter le Pentateuque en langue vulgaire ; la prédication hebdomadaire, où le peuple prenait plaisir à écouter ces sentences et maximes morales, ces paraboles, ces naïves légendes que le prédicateur se plaisait à lui débiter. שבת של מי? était la question vulgaire de l'impatiente curiosité du peuple. Aujourd'hui, pour le dérober à son travail les jours fériés, pour occuper *utilememt* ses loisirs, on lui fait dire quoi ? Des *pioutim !* C'est-à-dire qu'au lieu de l'édifier, on veut le bêtifier ; encore, l'ânesse de Baalam savait au moins ce qu'elle disait. Bonnes gens que vous êtes ! pour ne pas faire mouvoir vos machines trop tôt, faites-vous machines vous-mêmes ; faites mouvoir vos mâchoires comme des automates, et rendez grâces à celui qui vous a faits à son image, vous a doués de science, de discernement et d'intelligence, דעה בינה והשכל, et vous appelle עם חכם ונבון !

Quant à vous instruire, à vous éclairer, à diriger vos pas chancelants, à vous montrer, comme le font nos saints prophètes, le côté spirituel de la religion, au lieu de la grossière enveloppe matérielle, on s'en occupe fort médiocrement : beaucoup de nos guides, dits spirituels, ont, par ma foi ! bien autre chose en tête. Ruminez des *pioutim*, stupéfiez-vous, tuez le temps qui est la vie ; ils crieront : bravo! De grâce, expliquez-nous notre petit catéchisme, vous aurez au moins un résultat, sinon pour nos hommes à foi robuste, qui n'ont pas besoin de vos instructions, ni pour les incrédules, que vous seriez incapables de ramener, du moins pour ceux qui clochent des deux côtés, qui se laissent entraîner par faiblesse plutôt que par conviction, et c'est la grande majorité.

Transportons-nous à une époque de ferveur ; examinons le cas qu'ont fait de nos *pioutim* des hommes qui les entendaient mieux que vous et moi. Je parle des disciples de Jacob Lévy (מהר"יל), qui s'occupaient de *pilpoul* (discussions légales) au temple même, pendant la récitation des *pioutim*. Leur maître les en reprend. Qu'est-ce que cela prouve ? Qu'il ne faut pas troubler le service, ne pas donner le mauvais exemple au vulgaire, qui pourrait tout aussi bien entamer la conversation synagogale sur des sujets mondains. Tous les piliers de nos anciennes synagogues savent fort bien que c'étaient toujours nos demi-théologiens qui jasaient le plus pendant nos offices. Un bon mot est si difficile à comprimer ! Il faut vider son sac, n'importe le lieu. D'autres répétaient à haute voix une leçon de la Mischna ou du Talmud, pendant que la plèbe faisait chorus avec le *h'azan*. Le bruit charivarique a enrichi notre langue française d'une onomatopée caractéristique : « *Brouhaha*, dit Le Duchat, est une corruption de *Barata* « (*barouch atha*), employé par les juifs dans leur acclamation « du *Sabbat*. »

Jacob Lévy, en invitant ses élèves à se mettre à l'unisson de la multitude, n'en saurait revendiquer le mérite de l'invention; Rabenou-Ascher avait déjà considéré, avant lui, une dissolution synagogale dans cette abstention totale des תלמידי חכמים de la routine populaire. Isserlès dit, dans le même sens : « S'il n'est « pas défendu de s'occuper de l'étude de la loi pendant la réci- « tation des *pioutim*, il serait néanmoins à craindre que la masse, « imitant les docteurs, ne se livrât, durant les offices, à des « conversations profanes. »

Nous sommes parfaitement d'accord avec רמ"א רא"ש et מהרי"ל, qu'en bonne police on ne doit pas laisser troubler le culte public, pas plus qu'on ne peut se permettre d'interrompre le prédicateur dans sa chaire, dût-il débiter les plus grosses sottises.

> Allez de vos sermons endormir l'auditeur :
> C'est là que, bien ou mal, on a droit de tout dire.
>
> *Boileau.*

La question n'est donc pas de savoir si, à une époque d'exaltation, de fièvre religieuse, nos érudits, dédaignant les *pioutim*, pouvaient s'arroger le privilège de troubler les fidèles dans les cérémonies du culte, comme ils se cabraient contre leurs rabbins dans les thèses théologiques, en leur adressant les épithètes les plus injurieuses en pleine synagogue. A une époque de décadence, de dissolution de tous les liens religieux, il s'agit d'ouvrir les yeux sur l'abime creusé sous nos pas; il faut aujourd'hui substituer des pratiques utiles, intelligibles, des idées spirituelles, à des actes stériles et abrutissants. On dirait que le Ciel, dans sa colère, ôte à nos rigoristes jusqu'au pressentiment du mal qui menace notre jeune génération : ils s'aveuglent sur cette indifférence qui la ronge à la moëlle des os. Faut-il donc vous le demander cent fois : Pourquoi Esdras a-t-il substitué l'écriture assyrienne à l'hébraïque ? Pourquoi le Sohar a-t-il été rédigé en syriaque pur et le Talmud en jargon populaire ? Pouquoi a-t-on institué un interprète chaldéen dans le second temple ? Et l'imprimerie n'était pas encore inventée, il n'existait encore ni grammaire, ni dictionnaire, ni points-voyelles ni accents prosodiques ; et l'on n'a pourtant pas craint l'extinction de la langue sacrée ; et vous manifestez cette appréhension pour le remplacement, par la prédication, de ces compositions du style des mystères dramatiques, des clercs de la Basoche, de la poésie monacale du moyen âge ! On peut défier tous les rabbins du monde d'expliquer la plupart de ces produits hétéroclites sans le secours des commentaires ; mais Ibn-Esra, qui savait autant l'hébreu que ces rabbins, Ibn-Esra que la postérité a surnommé l'*intelligent*, החכם, demande en toute humilité *où sont les commentaires de ces commentaires ?* וצריך פירוש לפרושיהם.

XIV.

STRATAGÈMES.

Psaumes innocents remplacés par des *pioutim* imprécatoires. — Il faut savoir tenir la ficelle par les deux bouts. — Le cercle vicieux. — Le panier aux livres. — Efficacité de la langue des Chrétiens maronites. — Procédés acrologiques et numériques. — Angélolâtrie. — Blasphêmes involontaires. — Utilité archéologique des compositions du vieux temps.

Voyez la mauvaise foi avec laquelle on se targue de la tolérance et de la philantropie rabbinique : à l'octave de la Pâque, nous ne récitons qu'un *hallel* tronqué. « Quoi ! fait-on dire à la » Providence, la mer a englouti l'ouvrage de mes mains, et vous « chantez ! » Voilà qui est fort bien. A quoi bon, en effet, des récriminations et des malédictions contre des ennemis qui ne sont plus? Mais tandis que nous retranchons au roi David deux psaumes innocents de toute allusion à l'évènement de la fête, nous entonnons à gorge déployée des monceaux de cantiques de jubilation de la composition de Rabbi Simon-bar-Isaac, mort à Metz en 1095, et je vous assure que *les engloutis de la mer* n'y sont pas épargnés.

Comment expliquer une contradiction aussi flagrante? Voici : n'est pas théologien qui ne sait tenir la ficelle par les deux bouts. Citez-vous une *Hagada* à l'appui de votre opinion? On vous répondra אין להשגיח באגדה ; l'*hagada ne se prend pas en considération.* Vous appuyez-vous de l'incontestable autorité de la *Baraïtha?* Le système vous oppose l'*Hagada*. Exemple : Un homme de rien, et qui ne veut rien être, mais qui a usé la bonne moitié de sa vie à l'intérêt et au progrès de ses co-religionnaires, se trouve engagé à traiter la question du *paupérisme chez les Juifs*, pour éclairer la charité d'une dame de qualité avec laquelle lui et sa famille avaient l'honneur d'entretenir une correspondance suivie, qui a abouti à la fondation de la rente perpétuelle d'un capital de 60,000 fr. en faveur de jeunes et pauvres apprentis israélites d'une communauté sans ressources.

Parmi les causes du paupérisme, s'en trouve une qui frappe le sens le plus vulgaire, c'est l'encouragement accordé aux mariages de mendiants entre eux, l'association de la misère à la misère. Mais avec l'esprit de parti, le bon sens, la saine raison ne suffisent pas, il faut invoquer la lettre de la loi religieuse, et tout mince écolier talmudiste sait que la Baraïtha, comme la Mischna, a force de loi. Pour corroborer son assertion, l'auteur de la brochure sur le *paupérisme* indique donc brièvement (page 7, et *Archives israélites*, août 1853, page 467) le passage de la Baraïtha dont voici le texte en toutes lettres :

ת״ר אשר בנה, אשר נטע, אשר ארס, למדה תורה דרך ארץ, שיבנה אדם בית, ויטע כרם, ואחר כך ישא אשה, ואף שלמה אמר בחכמתו: הכן בחוץ מלאכתך, ועתדה בשדה לך, אחר ובנית ביתך. הכן בחוץ מלאכתך זה בית, ועתדה בשדה לך, זה כרם, אחר ובנית ביתך זו אשה. (גיטין פ׳ ח׳)

» Nos rabbins ont enseigné d'après tradition que la proclamation
» des dispenses à la mise en campagne portait sur ceux qui avaient

» construit une maison non encore inaugurée, planté une vigne » non encore cueillie, contracté des fiançailles non suivies de ma-» riage (Deut. xx, 5, 6 et 7). Par cet ordre de dispenses, la » loi nous enseigne une règle de conduite : c'est de posséder » d'abord une maison, ensuite une vigne, et de ne se marier » qu'après. C'est ce que Salomon a dit aussi dans sa sagesse : » *Prépare au dehors ton ouvrage, laboure ton champ, puis bâ-» tis ta maison* (Prov. xxiv, 27). Prépare au dehors ton ouvrage, » c'est la maison ; laboure ton champ, c'est la vigne ; et puis » bâtis ta maison, c'est la femme. »

Comment escamoter un pareil texte ? — Le tour est facile : soufflez dessus.... passe.... tournez le gobelet.... la baraïtha du stupide incrédule a disparu ; voici une hagada qui va lui faire pièce. Lisons :

אמר רבא בשעה שמכניסין אדם לדין אומרים לו כלום עסקת בפריה ורביה.....

« Raba dit : Au moment où l'homme comparait en jugement « (outre-tombe), on lui demande, entre autres, s'il a travaillé « à la fructification et à la multiplication... »

Qu'on se figure la désolation de tant de malheureux croyants auxquels ces paroles de Raba viennent ravir le seul bonheur qui leur soit arrivé dans leur vie, c'est de n'avoir pas trouvé à se marier.

Si maintenant un méchant philosophe s'avise de demander : D'où Raba savait-il tout cela ? Revenait-il de l'autre monde ; ou bien a-t-il, de préférence à tout autre, reçu ici bas communication de l'interrogatoire de là-haut ? Pourquoi cette préférence ? Si Dieu est l'omniscience, qu'a-t-il besoin d'interroger ? Que repliquerait-il au patient qui lui dirait : « *Mon bon Monsieur*, vous » savez que n'ayant pu subvenir à ma propre subsistance, com-» ment l'aurais-je fait pour femme et enfants ?... » Allons donc, répond-on avec un débordement de bile au machiavélique philosophe · אין להשגיח באגדה ! *L'hagada ne se prend pas en considération !*

Cette manière d'argumenter rappelle cet exemple de cercle vicieux attribué à David Friedlaender : « A quoi bon le פ dans » המן ? — Mais המן n'a pas de פ.—Et pourquoi n'en a-t-il

» point ?—Parce qu'il n'en faut point.—Voilà pourtant ce que » je demande : A quoi sert le פ dans המן ? »

Ce qui, dans la vieille école, s'appelle théologien transcendant, c'est un panier où se trouvent pêle-mêle Bible, Mischna, Talmud, » Midrasch, Zohar, Casuistes, us et coutumes de tous les temps, de tous les lieux : צנא מלא ספרא. Avec une telle provision, il n'y a pas d'opinion dont on ne puisse soutenir à son gré le pour et le contre, et, suivant les circonstances, le pour et le contre ; présenter le bon pour mauvais, le mauvais pour bon ; le certain comme incertain, l'incertain comme certain. Or, plongez votre main dans ce panier.—Ah! voici une Mischna! la loi orale pure, sinaïque, irrévocable. —Lisez : ואלו נאמרין בכל לשון : קריאת שמע, ותפלה, וברכת המזון (סוטה פ׳ ז׳) —

» Voici ce qui se dit en toute langue : Le Schema, la Tephila et les grâces. »

Vous triomphez, vous jubilez! Bonhomme, votre victoire ne sera pas de durée. Laissez faire le théologien à son tour. Ah! voici le tirage qui lui donne la page 90 du Rituel d'Amsterdam, 1712, publié avec approbation du rabbin Hirsch Askenas. Lisez (הלכות שבת conduite sabbatique) :

וכל אדם, אע״פ שאינו מבין הלשון של הזהר, יקרא אותו, כי הלשון מסוגל לנשמתו, כמו שכתבו המקובלים.

« Tout homme, dût-il ne pas comprendre la langue du Zohar » (syriaque), doit le lire, car cette langue est efficace pour son » âme, ainsi que l'ont écrit les cabalistes. »

Or, s'il en est ainsi pour le syriaque, que ne doit-ce être pour l'hébreu ? Nos cabalistes, c'est-à-dire nos angéolâtres, n'ont-ils pas découvert les noms de tous les anges, non-seulement dans chaque mot hébreu, mais aussi dans ses combinaisons numériques qui varient à l'infini, dans la valeur des lettres initiales, médiales et finales de chaque phrase ? Que ne découvre-t-on pas, par le procédé acrologique de גנת qui lui-même est l'acrologie de גימטריא, נוטריקון, תמורה ? C'est bien ici le cas, sinon jamais, de dire que tout est en tout. Jacob fait dire à Esaü : עם לבן גרתי ותרי״ג מצות שמרתי. Est-ce que ואשה אל אחותה לא תקח ne fait pas partie de ces 613? Le regrettable Reggio, rabbin de Goriz, qui savait compter, prouve que le nombre vrai de nos préceptes est de 13602 !

Ibn-Esra, pour nous désabuser de ces rêveries, nous a déjà rendus attentifs sur le nombre 913, résultant de בראשית, qui équivaut à celui des deux mots שי״א ושקר. Cette méthode a fourni jadis à nos adversaires des armes contre nous. Dans l'intérêt de la paix, nous avons supprimé dans עלינו une phrase entière : שהם כורעים ומשתחוים להבל ור״יק. Nos antagonistes prétendaient que le nombre 316 de ce dernier mot devait cacher le nom de יש״ו donnant le même nombre. S'il en était ainsi, qu'auraient-ils pu répliquer à ומושב יקרו בשמים ? Est-ce que יקר״ו et וריק ne sont pas anagrammes ? הקץ לדברי רוח !

Pour montrer le résultat de cette méthode, un vrai croyant très-spirituel a découvert, dans les premiers mots des cinq premiers paragraphes de notre *pioul* de נעילה, la phrase suivante :

אב אמינים הנקרא יה טבע .

« Le père des croyants appelé Dieu , c'est la nature. »

Nous sommes loin d'attribuer une pareille intention à notre pieux rabbi Simon Ben-Isaac : il n'était certes pas panthéiste ; mais quand , à son insu , il prend la déesse Aglaé pour un ange qu'il nous fait invoquer dans l'acrostiche de א״מונים נ״שו ל״נצחך א״יום. « Les fidèles s'approchent pour te vaincre , ô redoutable ! » il n'est pas étonnant que par une méthode aussi rationnelle un plaisant lui prête une détestable hérésie. A ceux qui prétendent que לנצחך se rapporte à Dieu et non pas à אגלא , nous dirons que s'il est à peine permis de faire dire métaphoriquement à la Divinité נצחוני בני , il ne convient certes pas à ses enfants de lui dire לנצחך. Dans tous les cas , Dieu peut s'appeler נצח ישראל , mais nous ne pouvons nous qualifier de נצחי ה׳. Heidenheim cite למנצח, mais ce mot même ne s'applique qu'au *vainqueur*, au *virtuose* , à l'exécutant, et non à celui à qui le chant est dédié.

Etonnons-nous à présent si la langue de nos prières, si le maintien de nos *pïoutim* trouvent encore certains partisans dans l'angélolâtrie , et plus encore dans l'ignorance feinte ou réelle de nos soi-disant conservateurs.

Quant à nous , nous ne pouvons, dans notre triste aveuglement , que nous attacher à la valeur littéraire de ces productions.

Comme curiosité archéologique les produits de l'esprit , bons ou mauvais, des temps anciens, sont également significatifs : ils sont l'expression du degré de culture, le miroir des mœurs, le tableau des préjugés dominants, la peinture du caractère de chaque peuple, de chaque époque. Sous ce rapport, les légendes, les contes et romans, les poëmes, même les chansonnettes sont de l'histoire : ce sont des jalons de la décadence comme des phases progressives de la civilisation ; ces documents précieux forment toute une science pour quiconque se plaît à dévoiler les hommes et les choses du passé. Brûler un livre c'est faire acte de vandalisme, c'est envier la réputation du farouche Omar ; d'autres disent de l'archevêque Théodose.

XV.

PARALLÈLE DE SAADIA ET DE KALLIR.

Maîtres et disciples des deux écoles.—La règle et les écarts.—Cri de vengeance contre un peuple converti par le vieux Hyrcan. — Harmonie imitative.—Gravité et badinage.—Enigmes insolubles. — La religion ne se comprend que par l'incompris.—Un curieux de la Merkaba balloté par les maîtres de la science.—Maimonides idolâtré en Orient, brûlé en Occident.

Nous avons déjà examiné l'influence de l'arabisme et du teutonisme sur la marche divergente des idées de l'école mauresque espagnole et de la germanico-polonaise ; appliquons notre examen au parallèle entre les chefs des deux écoles quant à leur valeur poétique.

La carrière poétanique de la première de ces écoles est ouverte par Saadia le Gaon, chef de l'Académie de Sura, père de la science grammaticale chez les Hébreux, ce qui nous doit d'autant moins étonner qu'il avait fait ses premières études sous Rabbi Salomon-ben-Jérucham, caraïte d'une haute science dont la verve nous est connue par l'Epître même que plus tard il avait adressée à son ex-disciple. Dans le cours de sa glorieuse vie, Saadia s'est illustré par dix-huit ouvrages capitaux, la plupart en arabe. Franc dans ses paroles et dans ses actions comme dans ses opinions philosophico-religieuses, il résiste à David-ben-Saccaî, chef de la captivité, qui veut lui faire commettre un déni de justice. Le Resch-Gloutho fulmine contre lui l'anathème. L'intrépide Saadia en fait ce que Luther fit à Wittemberg de la bulle d'excommunication lancée par Léon X.

Quoique les vers de Saadia soient fort réguliers, il a néanmoins été surpassé, pour la hauteur poétique, par la phalange des poètes qui, après lui, se présentèrent dans l'arène. Ici les disciples ou imitateurs ont laissé loin derrière le maître ou le modèle.

Comme Saadia, Kallir aussi avait son maître, ce fut Rabbi-Janaï, qui l'avait précédé de quelques années : אוני פטרי רחמתים de notre שבת הגד״ל ne saurait soutenir la comparaison du plus mince *piout* des caraïtes. Ce morceau, quoique d'une diction plus intelligible que celle du disciple, ne se recommande cependant ni par l'observance des simples règles de la versification, ni par le sentiment esthétique, ni par les idées de bienveillance universelle, ni même par le respect pour l'histoire : Moïse nous dit : *Tu n'auras pas en abomination l'Iduméen, car il est ton frère, ni l'Egyptien, car tu as été étranger dans son pays.* » (Deutér., XXIII, 7.) Passe pour les injures et les malédictions contre les adorateurs d'Isis et d'Osiris, nonobstant la recommandation מעשה ידי טבעו בים ואתם אומרים שירה, c'est de l'histoire ancienne. Mais l'auteur, qui est du neuvième siècle, parle au futur quand il s'agit d'Edom באדום תפרע בהבליה קרן עשיריה. Or, il ne reste plus vestige des Iduméens. Hyrcan les dompta et les obligea à se soumettre aux observances de la loi juive. Depuis ce temps, ils demeurèrent toujours soumis, ne formèrent qu'un seul et même peuple avec les nationaux de la Palestine. Cette fraternité a été tellement reconnue que le roi Agrippa, de race Iduméenne, faisant, au péristyle du temple, la lecture publique prescrite par la loi, (Deut., XXI, 11,) versa d'abondantes larmes en arrivant à ce passage ; *Tu ne peux élire pour roi, aucun étranger, qui ne soit pas de tes frères* (Deut., XXII, 15). Aussitôt, les docteurs de s'écrier : *Ne t'inquiète de rien, ô Agrippa ! tu es notre frère, oui, notre frère.* סוטה פ״ז מ״ח.

Autant les Iduméens s'étaient montrés hostiles à Jérusalem sous Nabuchodonosor, autant ils furent sincères depuis leur conversion, au point qu'ils étaient les premiers accourus au secours de la ville sainte, et qu'ils se sont laissé envelopper dans sa ruine. Nous ne pouvons réellement plus savoir si une grande partie d'entre nous n'est pas d'origine iduméenne. Que signifient donc aujourd'hui ces récriminations de Rabbi Janaï מזר תערימם באף תחרימם. A-t-il, par hasard, en vue les pauvres et inoffensives tribus bédouines professant le mahométisme, qui peuplent ces tristes parages depuis plus de dix siècles ? Certes, le captif assis sur les rives de Babel pouvait s'écrier dans sa désolation :

זכר ה׳ לבני אדום את יום ירושלם.

Avons-nous la même excuse en récriminant contre ceux qui sont devenus nos frères, qui nous ont donné la dernière race de nos rois, qui ont versé leur sang pour nous ? Et pourtant, la plupart de nos poétanim s'acharnent contre ceux que Moïse prend sous sa protection, qu'il nous recommande comme frères : לא תתעב אדומי כי אחך הוא.

Les idées et les expressions poétiques de Kallir l'emportent de beaucoup sur celles de son maître : il a souvent des élans sublimes. et de même que nous admirons chez Juda Lévy l'harmonie imitative dans ארץ התמוטטה זהתפרדה, d'après Isaï (xxiv, 19), nous ne saurions refuser le même tribut d'admiration à la description mythique du char céleste rendu par cette expression qui fait image : ואז יתרעם הגלגל ויתרעש הכסא imitée du psaume lxxvii, 19. On croit entendre le roulement du char, voir le frémissement du trône. Mais il tombe dans le trivial, quand, dans un autre ordre d'idées, il veut se modeler sur son maître. Janaï dans son piout de שבת הגדול s'écrie : תצנח, ותצרח ותצלח וכ׳ (à vos souhaits), Kallir, dans son יוצר לפרשת זכור nous fait crier :

אץ קיצץ בן קוצץ, קצוצי לקצץ וכ׳

L'idée que cette onomatopée réveille en nous est celle de la cuisinière donnant la chasse à une douzaine de chats gourmands. Mânes d'Alharisi, quelle horrible grimace vous faites !

Si nous poursuivons notre parallèle entre les deux premiers poétanîm des deux rites, nous trouvons que la mémoire de Saadia s'est conservée, non pas par ses fantaisies poétiques, mais par les ouvrages profonds dont il a doté notre théologie philosophique. Les poésies de Kallir sont les seuls témoins de son existence ; il ne nous a légué aucun autre écrit ; et comme ses poésies étaient destinées à son usage personnel, il n'est pas étonnant qu'avant l'invention de l'imprimerie, il ait été oublié au bout de deux ou trois siècles, métamorphosé en *Tanaï*, tout comme son homonyme Eliézer, intendant de la maison d'Abraham, avait été transformé en Og, roi de Basan, qui s'était sauvé du déluge en se mettant à cheval sur l'arche, tué 876 ans plus tard par Moïse (1). Mais sous le nom d'Eliézer, il est l'un des trois qui sont entrés *vivants* dans le paradis : ce qui confirme bien certainement l'axiôme אין להשגיה באגדה.

Saadia a été surpassé par ses successeurs dans le domaine de la poésie ; les imitateurs de Kallir sont restés bien au-dessous de leur modèle.

Le style de Saadia est pur, coulant ; son langage dégagé de tout élément hétérogène, sa versification régulière, le fonds de ses idées, c'est l'aspiration de l'âme vers le Dieu invisible qui se manifeste cependant dans les splendeurs de la création, dans le mouvement continu des sphères, השמים מספרים כבוד אל ; ses sujets sont puisés dans le texte de nos saintes écritures.

Kallir s'approprie une langue et une syntaxe à lui, il tyrannise, il torture l'hébreu, le plie à des formes arbitraires, entasse les hyperboles, comme les géants de la fable, montagnes sur montagnes ; Halacha, Hagada, Midraschim, légendes populaires, Kabala, tout cela bouillonne dans le même volcan et en sort impétueux en ruisseaux enflammés. Le positivisme de la règle, les exigences de l'art, le beau esthétique, tout cela lui est étranger ; par contre se plait-il à se créer à lui-même des difficultés, à se livrer à des tours de force capables de défier les jouteurs les plus hardis, mais qui, après tout, ne sont que des jeux d'esprit

(1) J'ai la certitude que cette longévité n'aura rien d'étonnant aux yeux de ceux qui connaissent la taille énorme du géant, pour lequel le déluge n'était qu'un bain de pieds.

qui piquent et ne touchent pas, qui laissent le cœur froid; ce sont des accumulations synonimiques dans un octuple ordre alphabétique direct ou inverse; c'est l'inévitable reproduction de son nom, tantôt en acrostiches, tantôt en lettres numériques d'une valeur équivalente; il plie le chaldéen et le syriaque à la forme hébraïque et *vice-versa;* il contraint les versets de la Bible à lui fournir dans l'ordre de leur succession les mots initiaux de ses vers; la même rime, quelquefois le même mot se succède dans des centaines d'hémistiches; il s'empare de tous les sujets et poétise des questions rituelles et casuistiques avec le même entrain qu'il met à chanter la délivrance du peuple de Dieu ou la chûte de Jérusalem et les douleurs de la captivité.

Si le but de Kallir avait été de populariser nos traditions, sa méprise eût été grande, ses vers étant mille fois plus difficiles que les documents originaux qui leur servent de texte; souvent ses allusions sont interprétées de dix manières différentes; elles exigent plutôt la science divinatoire que des connaissances bibliques ou hébraïques. Mais, ainsi que nous l'avons démontré, Kallir a été seul à chanter ses pioutim, il exprimait en public ses émotions personnelles; le peuple ne jouissait que de son exécution musicale sans avoir jamais rien compris à ses vers.

Kallir était un brasier ardent, il se livrait à la fougue de son imagination enflammée sans s'inquiéter d'aucune règle. Ce défaut est racheté par la fécondité de ses idées, la hardiesse de ses figures, l'originalité de son langage, l'étrangeté de son expression; ses vers se ressentent plutôt de l'improvisation que du calme d'un esprit réfléchi. Ce qui aurait dû contribuer à la suppression de ses *pioutim,* est précisément ce qui a fait leur fortune: ce sont ces mille et mille allusions, si difficiles à saisir, et auxquelles se prêtait si bien sa vaste érudition rabbinique; c'est le sens énigmatique, allégorique, mystique, incompréhensible, qui exerce tant de prestige sur la faiblesse cervicale, tant de puissance sur les imaginations exaltées. De temps immémoriaux les prêtres du paganisme, profitant de ce penchant populaire vers le mysticisme, enveloppaient de ténèbres la vraie doctrine, entouraient les principes d'une espèce de merveilleux qu'on ne dévoilait aux initiés qu'à la suite de longues et pénibles épreuves. Revêtir ses idées de quelque chose de surnaturel, c'était leur assurer un succès de respect et d'adoration aux yeux du vulgaire. Les mots *Koex ompax,* qui, en sanscrit, signifient *tout est consommé,* n'inspiraient tant de terreur aux nouveaux initiés grecs dans les mystères d'Eleusis, que parce qu'ils ne les comprenaient pas. Ce charlatanisme pédantesque et intéressé exerce encore son prestige dans les sociétés modernes. Qu'un médecin consciencieux vous annonce que vous n'avez qu'un *rhume de cerveau,* vous n'en éprouvez aucune inquiétude ; l'empirique, qui veut vous exploiter, vous déclare atteint du *coryza larmoyant.* Miséricorde ! vous vous croyez perdu ! Ce qui rend les peureux si craintifs dans l'obscurité, ce sont les fantômes de leur imagination. Un savant aux hautes lumières duquel on ne saurait s'empêcher de rendre hommage, mais qui nous semble craindre que sa science profonde ne fasse tache à son orthodoxie, révèle sa pensée à ce sujet avec une adorable naïveté. *Le* תא שמע *et* אקדמות *ne sont récités, dit-il, avec tant de ferveur et de recueillement que parce que l'intelligence en est plus difficile, et que notre penchant au secret redouble le sentiment religieux dans nos cœurs.* En d'autres termes : voulez-vous réveiller le sentiment religieux ? rendez-vous incompréhensible ; parlez français aux Allemands et allemand aux Français. C'est précisément l'empirisme que nous venons de signaler. Le médecin de l'âme, comme celui du corps, doit parler de manière à se faire comprendre. Voilà pourquoi nos sages, après avoir hésité s'il fallait donner rang dans le canon au livre d'Ezéchiel, ne l'ont admis qu'à la réserve de ne le lire qu'à trente ans, âge où la raison de l'homme intelligent, parvenue à son point de maturité et nourrie de l'esprit du mosaïsme (1), n'a plus rien à craindre de l'erreur des anthropomorphites. Néanmoins, par redoublement de précaution, les docteurs de la Mischna ont formellement défendu, non-seulement de parler *en public* de la *Merkaba* (chariot céleste), mais encore de l'expliquer en *tête-à-tête* à quiconque n'est pas doué d'intelligence suffisante pour concevoir de lui-même (2). Et voilà pourquoi tous nos idiots, nos femmes, nos enfants même crient à gorge déployée : וחיות אשר הנה מרבעות כסא : — אופן וגלגל מביעים סלסולו : — גויתם

---

(1) כי לא ראיתם כל תמונה (דברים ד' ט"ו.) ומה דמות תערכו לו (ישעי, מ' יח.)

(2) אין דורשין במרכבה ביחיד אלא אם כן היה חכם ומבין מדעתו (חגיגה פ"ב ד"א.)

כתרשיש: — מיכאל מימין מהלל ׳ וגבריאל משמאל ממלל etc.

Ces images sont certes de la haute poésie et l'emportent, philosophiquement parlant, sur l'Apocalypse et la description de l'Olympe. Mais n'est-ce pas précisément la crainte de paganiser le rationalisme judaïque dans l'imagination du vulgaire qui a dicté la défense de faire une exposition publique de ce symbolisme? — Point de danger, me réplique-t-on, le public n'y comprend rien, ce qui, bien entendu, augmente sa ferveur, redouble son sentiment religieux. — Mais si dans ce public se trouve d'aventure un esprit d'élite qui désire être éclairé sur ces matières, qu'a-t-il à faire? — Rien de plus simple, il va consulter son pasteur et trouve ainsi l'occasion de s'instruire. — Soit. Ce fidèle se rend chez son pasteur, qui a pour nom, rabbi Mosché-ben-Maïmoun.

Le rabbin par excellence lui donne une explication très-lucide consignée dans les premiers chapitres de la 3e partie du *Moreh*.

Quittant Maïmonides notre homme, satisfait, rencontre un rabbin cabaliste, celui-ci lui déclare que le système dont il se pavane ne mérite que d'être déposé au cabinet מיתר לקראתי במקום שאסור להרהר בדברי תורה. — Le fidèle, indigné de cette irrévérence, prend son recours à Don Isaac Abrabanel. Hélas! malgré toute l'admiration de ce dernier pour l'illustre professeur de Cordoue, malgré l'axiome שבעים פנים לתורה, il ne peut s'empêcher de qualifier la Merkaba des Maïmonides de שקר יכזב, דברים שאין להם שחר, fausseté, mensonge, paroles dénuées de clarté (Préface d'Ezéchiel).

Ballotté de la sorte, notre homme, qui cherche la lumière, est plus égaré que jamais. Voilà que par hasard lui tombe sous la main le עץ אב״ת du rabbin Jacob Emden, qui (p. 30), soutient, envers et contre tous, que le *Moreh,* qui a soulevé tant de tempêtes, est מזוייף falsifié ולא חוברו הרמב״ם מעולם, et n'est jamais sorti de la plume de Maïmonides. Conciliez ces deux propositions.

Or, Maïmonides est mort en 1204; les foudres lancées contre lui en Provence, en Languedoc, à Paris, etc., ont été forgées de 1220 à 1230; il s'agit conséquemment de faits attestés par plusieurs centaines de docteurs contemporains, tant antagonistes qu'approbateurs, tous ces noms font époque dans nos annales. Et voilà comme on écrit l'histoire! Et notre pauvre fidèle, qui a compté sur l'infaillibilité de la science pastorale, ne sait plus où donner de la tête.

Quant à nous, nous ne craignons pas de répéter ce que nous avons déjà précédemment démontré, savoir : que malgré la séparation de la synagogue et de l'église, chaque école porte le caractère de la nationalité qui lui est propre. Les rabbins orientaux et méridionaux, qui avaient jugé notre docteur dans le sens de la brillante philosophie arabe de leur époque, lui ont porté une admiration telle, qu'ils ont intercalé son nom dans le *Kadisch* quotidien : בחייכין וביומיכון ובחיי דרבנא משה בר מיימון. Les rabbins occidentaux, imbus en majorité de l'esprit dominant d'un intolérant monachisme, anathématisèrent Maïmonides, comme encore, en 1633, un tribunal de moines ignorants condamna Galilée à venir à résipiscence sur le mouvement de la terre, si contraire *alors* au miracle opéré en faveur de Josué.

Si tous les pioutim n'ont pas rapport à la vision d'Ezéchiel, le אופן est du moins la pièce indispensable à tout service poétanique, comme le סילוק pour le dessert ; et point d'*ophan*, point de *silouk* sans idées apocalyptiques.

Quant aux pioutim qui traitent du dogme, des cérémonies et de la pratique, c'est l'affaire de celui que le gouvernement paye pour enseigner tout cela dans la chaire et dans la salle du catéchisme. Dans tous les cas, ne vaut-il pas mieux lire ou se faire traduire le שלחן ערוך que quelques-uns d'entre nous comprennent encore, que de réciter des élucubrations prétendues poétiques que personne, pas même le rabbin, ne comprend (1).

---

(1) Un de nos hébraïsants les plus distingués vint me voir un jour à Francfort ; le trouvant mal à l'aise, je m'informai du motif de son abattement. « Ah ! me répondit-il, c'est un métier bien dur que celui d'ex- » pliquer l'inexplicable. J'ai passé une nuit entière à annoter un mor- » ceau littéraire du douzième siècle ; il y est question des quatre élé- » ments, des sept planètes, des soixante-dix langues, des influences si- » dérales sur les individus et les nations, le tout fondé sur des textes qui » font autorité. Si je signale ces idées comme erronées, on me jettera la » pierre. Ma nuit blanche, ajouta-t-il en souriant, aura du moins pour » effet de faire dormir debout ceux qui me liront au grand jour en pleine » synagogue. »

XVI.

LES IMITATEURS DE KALLIR.

Joûtes enfantines.—Utilité mnémotechnique des versets alphabétiques chez les anciens.—Autres temps, autres mœurs.—Malédictions changées en bénédictions.—Jadis vérités, aujourd'hui mensonges.—Tolérance prêchée, intolérance récitée.—Il y a des accomodements avec la conscience. — Pitié et non damnation pour l'ignorance. — Point de remèdes contre la lâcheté.

Pour ce qui concerne les imitateurs de Kallir, on peut leur dire avec le poète :

> Quand, sur une personne, on prétend se régler,
> C'est par les beaux côtés qu'il lui faut ressembler.

Le sentiment esthétique leur fait complétement défaut. D'une imagination moins brillante que celle du maître, ils crurent découvrir le secret de son art dans les jeux d'esprit, dans la rime, l'assonance, l'acrostiche ; ils joûtent entre eux comme des enfants. Vous savez rimer par ordre alphabétique, je suis de force à le faire dans l'ordre inverse (ת״שרק), et moi, s'écrie un autre, je compose en אל״בם en איק״בכר (1). Pour empêcher le public de déserter, tel que cela se pratique pour שיר היחוד et יגדל, on a eu la précaution d'intercaler ces pauvretés dans le corps des prières obligatoires, contrairement aux décisionnaires les plus accrédités ; et la preuve, c'est qu'on n'a osé le faire ainsi pour les deux nuits de ר״ה, où il n'y a point de מערבות du tout, ni pour celle du Kippour, où les litanies ne se disent qu'après l'office ordinaire. C'est qu'on reculait devant tout écart pendant ces trois nuits si redoutables.

(1) Par bonheur, notre alphabet ne compte que vingt-deux lettres : si nous avions la clef chinoise, il faudrait faire brouetter nos livres à la synagogue. L'ordre alphabétique direct de certains chapitres, de la Bible n'était qu'une œuvre mnémotechnique, très-utile avant l'invention de l'imprimerie.

Rarement on rencontre chez les poétanim germanico-polonais le développement d'une idée philosophique et purement humanitaire, plus rarement le caractère de la vraie poésie. En vain, y chercherait-on la pureté du langage, la clarté du sens, ce ne sont que des allusions obscures puisées à cent sources différentes et tellement disparates, que chaque nouvelle phrase fait oublier la précédente.

On ne saurait contester la piété sincère de ces hommes à forte conviction dont beaucoup ont sanctifié leur foi par le martyre. Si l'Israélite voulait consacrer par des compositions liturgiques le souvenir des calamités de ses ancêtres, chaque jour serait pour lui comme celui du 9 d'Ab. Mais les jours se suivent et ne se ressemblent pas ; d'autres temps, d'autres mœurs ; ne confondons pas l'ère de l'affranchissement et de la liberté, avec celle de la persécution et de l'esclavage. Sans doute, aux époques de carnage et d'extermination, de bûchers et de noyades, de tortures et de pillage, l'Israélite, traqué comme une bête fauve par une vile et farouche populace, ne trouvait d'autre refuge, d'autre consolation que dans la vie religieuse qui absorbait son existence entière : le monde et ses distractions, la science humaine et ses merveilles, l'art avec ses prestiges, tout cela lui devint complétement indifférent, à lui, repoussé du corps social, déclaré impropre à tout emploi, voué à l'infamie, banni de toute école, condamné en conséquence à l'ignorance et à l'oisiveté. Il ne respirait librement que dans l'intérieur de ses temples ; là, du moins, il pouvait soulager son cœur en maudissant ses cruels bourreaux en langage inconnu. Peut-on faire un crime à l'innocence en proie à toutes les injustices, à toutes les calomnies, à tous les tourments, d'exhaler sa douleur devant le Juge suprême, vengeur de l'opprimé ? Tel est à l'ordinaire le sujet de nos נאולות et וולת, qui se rapportent la plupart à ces courre-sus des croisades, à ces exils en masse, à ces massacres excités par un Volkmar, un Rudolphe, un Rindfleisch, un Hamil et autres bandits de cette espèce. Mais qu'est-ce que ces récriminations, ces malédictions du désespoir, ce désir de vengeance peuvent avoir de commun avec un peuple de frères, enfants de la même patrie, régénérés par la même civilisation et dont nous partageons tous les bienfaits de la liberté et de l'égalité civile ? A quoi bon invoquer la vengeance céleste contre des ennemis qui ne sont plus que la tombe a dévorés depuis des siècles et qui ne peuvent plus être justiciables que devant Dieu seul ? Ces formules liturgiques n'ayant plus, grâce au ciel, aucune application sous des gouvernements fondés sur la vérité, la justice, le droit, et pour la défense desquels, nous verserions notre sang le plus pur, nous mentons à notre conscience en proférant des imprécations qui n'ont plus d'objet ; il faut les retrancher impitoyablement, et ce sera œuvre pie.

Jamais ville n'a été plus coupable que Sodome ; Abraham intercède pour le salut de tous en faveur de dix justes. Jamais persécution n'a égalé celle de nos ancêtres en Egypte ; la loi divine nous défend de prendre l'Egyptien en aversion לא תתעב מצרי, et pourquoi ? *Parce que tu as séjourné dans son pays* כי גר היית בארצו ? Quel séjour, grand Dieu !

Le profond rabbi Meyer, qui n'avait pourtant pas dédaigné les leçons de l'hérétique Elisa-ben-Abouia, se voyant à bout de ressources dans sa polémique contre les Saducéens de son voisinage, les chargea d'imprécations dans sa prière. « A quoi penses-« tu, lui dit Berouria sa femme, est-il donc écrit que les *pécheurs* « disparaîtront ? C'est l'anéantissement des *péchés* qu'implore « le psalmiste (Ps. CIV, 35) ; *que les péchés soient anéantis, et* « *il n'y aura plus de méchants ;* prie pour leur conversion et « non pour leur destruction. » La sagesse de ce conseil, dit le Talmud, fut couronnée d'un plein succès. (Berakoth 10 a).

Jonas est-il envoyé aux Ninivites pour les convertir au judaïsme ? Mais le Code mosaïque n'est l'héritage que des descendants de Jacob מורשה קהלת יעקב. C'est donc au nom de la loi *morale* que le prophète se présente au milieu d'un peuple païen. Le retour à cette loi fit révoquer la sentence prononcée contre Ninive.

L'Ecriture entière respire cet esprit de charité et de tolérance universelle. Dieu crée l'homme à son image. Cela ne veut-il pas dire que nous devons respecter en tout homme l'image du Créateur ? « Certes, s'écrie Akiba, l'homme est le favori de la Divinité ; « חביב אדם ! Pour comble d'amour, חבה יתרה, il en a la cons-« cience נודעת לו. » (Aboth III, 14).

Ces paroles ne font que corroborer la dernière pensée de Moïse : « Affectionnant aussi *les peuples*, tu étends ta main « protectrice sur ceux qui te sont fidèles ; prosternés à tes pieds,

« ils obéissent à tes paroles; mais la loi que Moïse nous a pres-
« crite est le partage de la seule assemblée de Jacob. »

L'amour du prochain a toujours été reconnu comme pierre angulaire du judaïsme. « Puisque la religion mosaïque, déclare « le Grand-Sanhédrin de Paris, ordonne aux Israélites d'accueillir « avec tant de charité et d'égards les étrangers qui allaient rési- « der dans leurs villes, combien, à plus forte raison, leur com- « mande-t-elle les mêmes sentiments envers les individus des « nations qui les ont accueillis dans leur sein! »

Le Sanhédrin n'avait à s'occuper que des points de doctrine. Quant à leur application, cette tâche restait réservée à l'hiérarchie des pouvoirs que la loi créerait ultérieurement. Il était d'ailleurs *ordonné à tous les rabbins, dans leurs prédications et leurs instructions, de ne rien négliger auprès de leurs coréligionnaires pour accréditer dans leurs esprits les maximes contenues dans les décisions sanhédrinales; et ils le jurent.*

L'ancien Consistoire du royaume de Westphalie, qui avait pris sa mission au sérieux, considérant que toutes *les instructions et prédications des rabbins* resteraient en flagrante contradiction avec l'expression arrachée à l'exaspération, au désespoir délirant dans certaines formules liturgiques du moyen-âge, les a élaguées sans peur et sans pitié (Voir Sulamith 1808-1812). Ce consistoire était composé de trois rabbins éminents sous la présidence du couseiller Jacobson, qui lui-même unissait une vaste science à une théologie non moins profonde. Pour eux les décisions doctrinales du Grand-Sanhédrin étaient la charte-vérité, la foi jurée. Pour les inculquer aux fidèles, il fallait faire disparaître du rituel jusqu'à l'ombre d'une contradiction.

Dans notre noble France, reculant à tort devant une opposition tracassière, comme celle qui s'est manifestée à la suite des dernières conférences rabbiniques, le Consistoire central est resté, pour les réformes liturgiques, dans une apathie complète. Il s'est contenté d'un changement de formule dans la prière pour la prospérité du souverain, de son auguste famille et de l'empire; et pas le plus léger murmure, nonobstant la suppression du 12e article de foi.

Nos rabbins s'égosillaient chaque sabbat, chaque jour de fête, en chaire, dans leurs salles de catéchisme, dans les confréries qu'ils président, pour expliquer à nous et à nos enfants « qu'il n'y

« a aucune différence entre les sectateurs de Moïse et ceux des « autres doctrines : Nous naissons tous d'un même homme, nous « sommes tous formés à l'image de Dieu, un seul Dieu nous a « créés, un même soleil nous éclaire ; tous nous sommes doués de la « parole et de l'intelligence ; nous jouissons également de tous les « biens terrestres ; nous nous ressemblons tous dans nos besoins, « nos maladies, nos désirs, nos sentiments et nos passions. « Pourquoi donc faire une différence ? — Nous croyons tous qu'il « y a un Dieu créateur ; que nous devons aimer notre prochain « et qu'il y a rémunération pour les bonnes actions et puni- « tion pour les mauvaises. Nous sommes donc d'accord sur les « principes, qu'importe donc quelque différence dans les consé- « quences ! et comment une chenille de la terre oserait-elle com- « battre la volonté du Très-Haut ! — Il est donc hors de doute « que tous les hommes sont nos frères, quelle que soit leur « croyance, et nous devons les aimer et favoriser leur bien-être « tout comme s'ils étaient israélites, etc. » (*Catéchisme du culte judaïque*, par M. L. M. Lambert, grand rabbin de la circonscription de Metz.)

Voilà certes des vérités qui mériteraient d'être inscrites en lettres d'or sur le fronton de chaque synagogue. Mais comment concilier ce cosmopolitisme avec le formulaire poétanique du moyen-âge ? Quel effet doit produire sur l'esprit et le cœur le développement de tels principes, lorsqu'avant ou après la prédication, on permet à une assemblée de pousser à gorge déployée, à la face d'un gouvernement paternel, d'une société protectrice, des invocations qui, grâce à Dieu, n'ont plus, dans notre civilisation, leur raison d'être ; des doctrines fausses, mensongères, diamétralement opposées à celles de nos sages de toutes les époques ? C'est à regret que je signale quelques-uns de ces passages dont la conservation est de nos jours un acte de déloyauté, de félonie, un parjure, en quelque sorte, de la part de ceux qui ont juré fidélité aux décisions doctrinales du Grand-Sanhédrin.

גיי ונכרי בהעיפם נפש , בכף הקלע תקלע מהם הנפש · — הגיים
אפס ותהו · — רוה מדם גושם , ועפרם מחלב ידשם , ופגריהם יעלה
באשם — אב הרחמים · — א"מ נקום לעינינו — שפוך , וכ' ·

Quel contraste avec la sagesse de nos dogmes et de nos croyances ! On dirait que ces démentis de nos vrais sentiments ne sont là que pour confirmer cette autre palinodie שוא שנא אל ובוא על לשוננו « le mensonge que Dieu déteste souille notre langue. » Les rabbins qui maintiennent ces malédictions sont jugés.

Nous le savons fort bien, il n'y a pas un volume hébreu dont l'éditeur ne proteste contre l'interprétation que la malveillance pourrait donner aux mots גוי, נכרי, ע״א. « Le sens de ces ex-
« pressions, dit-on, ne se rapporte qu'aux nations idolâtres de
« l'antiquité ; quant aux peuples modernes, qui croient à un Dieu
« créateur et rémunérateur, notre devoir nous est tracé par
« Dieu lui-même : *Recherchez le bien de la ville où je vous ai*
« *fait transporter ; priez l'Eternel pour elle ; la condition de*
« *votre paix ne peut être que dans sa paix à elle.* » (Jérémie, XXIX, 7.) »

Nous ferons observer :

1° Que la lettre de Jérémie s'adresse aux exilés en Babylonie, et nous savons que Babel a été le berceau de l'idolâtrie. Nous savons aussi, par Jérémie lui-même, ce que les Israélites ont enduré au sac de Jérusalem ; donc, nonobstant l'idolâtrie des Babyloniens, nonobstant les calamités qu'ils nous ont fait éprouver, une fois la guerre finie, loin de les maudire, nous devions prier pour eux.

2° Peut-on prier en même temps pour la paix et le bonheur et la destruction et la damnation des peuples païens ? Peut-on bénir et maudire à la fois ? Les convictions erronées méritent notre pitié ; plaignons ceux dont la raison est égarée, l'esprit aliéné, prions pour eux, mais ne les chargeons pas d'imprécations, ne demandons pas leur mort.

3° Pourquoi ne respecterions-nous pas dans les autres ce que nous voudrions les voir respecter en nous ? Si une religion était fondée sur une évidence mathématique, il n'y aurait qu'une seule religion comme il n'y a qu'une seule physique, qu'une seule chimie, qu'une seule astronomie ; mais toutes les religions sont basées sur des traditions devenues convictions, elles sont un héritage paternel, un accident de la naissance. Si les religions bibliques admirent la foi d'un Abraham qui, pour obéir à Dieu, est prêt à lui sacrifier son fils, quelle conviction ne faut-il pas à cette malheureuse Indienne qui va se brûler toute vive sur le bûcher pour se réunir à son époux ? Tous les raisonnements du monde ne prévaudront pas sur sa conscience à elle. Déplorons les misères humaines, prenons-les en pitié, prions Dieu avec le prophète, *d'éclairer tous les peuples, d'enlever le voile qui couvre les nations, de détruire la mort pour jamais*, *et de sécher les larmes de la triste humanité* (Isaie XXV), mais n'accablons de nos exécrations ni les vivants ni les morts.

4o Si, pour exciter l'enthousiasme patriotique, les prophètes, qui étaient nos orateurs nationaux, tonnaient à la manière d'Homère contre les peuples ennemis, c'étaient des cris de guerre; les peuples les plus civilisés des temps modernes ne s'en font pas faute en pareille occurence pour réveiller les passions des masses. Mais dans les temps de paix, dans les relations d'individus à individus, la Bible nous édifie par les plus nobles exemples de tolérance religieuse. Abraham rend au roi de Sodome tout le butin; il donne la dîme à Malkisedec qui n'était pas de sa race; accueille avec bonheur trois voyageurs que, suivant la légende, il prend d'abord pour trois arabes idolâtres. Moïse épouse la fille d'un prêtre madianite. A l'arrivée de son beau-père au camp d'Israël, il l'embrasse, se prosterne devant lui, et, après avoir profité de ses sages conseils, il le renvoie aux adorateurs de Belphégor. La pieuse Noémi conjure Ruth de suivre Orpa dans son pays et vers *ses Dieux*. Salomon, qui avait un règne de paix, invoque les grâces du Seigneur sur l'étranger, *qui n'est pas d'Israël*, et l'implore d'exaucer les *vœux du gentil qui se présenterait au temple*. Michée, après avoir prédit l'alliance des peuples, la paix messianique, ajoute qu'alors *chaque nation marchera au nom de ses Dieux comme nous marcherons au nom de l'Eternel Dieu vivant, roi de l'Univers*. La réponse du prophète Elysée à Naaman est remarquable : ce général convaincu, par sa guérison miraculeuse, de la puissance du Dieu d'Israël, n'en reconnut plus d'autres et lui dressa un autel. Cependant le nouveau converti demande à Elisée si Dieu lui pardonne de se prosterner au temple de Rimmon, lorsque le roi, appuyé sur lui, s'incline lui-même ? Pour toute réponse : le prophète lui dit : *Va en paix*.

Non, mille fois non, les pioutim, rédigés en Europe depuis le dixième siècle, ne pouvaient avoir en vue le paganisme, qui y avaient disparu devant les religions bibliques. Mais, pourquoi le dissimuler aujourd'hui ? Ce débordement de fiel, ces imprécations, ces appels à la justice et à la vengeance de notre Père Céleste n'étaient, par les misères qui nous accablaient, au temps des Croisades surtout, que les seules armes de la faiblesse contre la force brutale, de l'innocence opprimée contre la violence oppressive, des victimes inoffensives contre des bourreaux altérés de leur sang, avides de leurs biens. Non certes, ces prières, ou pour mieux dire, ces cris du désespoir aux abois, n'étaient dirigés ni contre l'idolâtrie, qui n'existait déjà plus, ni contre une religion de douceur et de charité telle que la professaient un saint Vincent-de-Paul, un saint Bernard, un saint François de Salles, un Las-Case, un Fénélon, etc., etc.; mais, comme leurs dates l'indiquent, ces menaces terribles étaient proférées contre ces hordes sauvages qui n'avaient du chrétien que les trois gouttes baptismales, et qui, sous le prétexte d'une guerre sainte, violèrent les plus saintes lois de l'humanité.

Ces vociférations, pardonnables à nos ancêtres si dignes de pitié, sont-elles en harmonie avec notre condition actuelle? Conviennent-elles à des pécheurs à dure nuque qui invoquent eux-mêmes clémence et miséricorde du *Dieu de toute chair?* Conviennent-elles à une synagogue européenne ou américaine du dix-neuvième siècle? Maintenir ces récriminations comme מנהג קבוע c'est inoculer l'intolérance, excusable dans les générations passées, mais non dans nos générations à venir, עת לאהב ועת לשנא. Tous nos rabbins, tous nos Consistoires condamnent certainement ces imprécations qui ne sont plus de saison. Pourquoi donc ne les a-t-on pas retranchées dès longtemps? C'est que de toutes les passions, la plus difficile à vaincre, c'est la peur; c'est aussi celle qu'on simule le plus. Si vous entendez chanter dans l'obscurité, soyez persuadé que c'est un poltron qui veut passer pour hardi, et qui tremble à votre approche.

Si, immédiatement après la dissolution du Grand-Sanhédrin, le premier Consistoire central, fidèle à sa mission, à l'esprit de son institution, à la lettre des décisions doctrinales, avait ordonné à toutes les synagogues du vaste empire et du royaume d'Italie d'émonder leurs rituels, de les purger de tout ce qui porte le cachet de la haine et de l'intolérance, ces rabbins *assermentés*, doux comme des moutons, en ALSACE surtout, se seraient empressés alors d'obtempérer à cette sommation, sans ombre d'opposition. On a temporisé, attendu un demi siècle, ויצא העגל הזה, et notre synagogue française a aussi ses Guelfes et ses Gibelins.

XVII.

MANŒUVRE DE L'OPPOSITION PURITAINE.

Une réforme bien organisée peut seule sauver le culte. — Le piétisme juif et chrétien l'envisage avec un égal antagonisme. — Statistique du progrès. — Émoi au réveil d'un sommeil de soixante-dix ans. — Les grands-rabbins se hasardent de mettre le nez en l'air. — Rominagrobis, sur ses pattes tombant, les fait rentrer au gîte. — De l'audace, de l'audace et de l'audace! — Ce qu'était Cologna. — Quelques réformes opérées sans résistance de myopie. — Qu'est-ce que la Religion? — Qu'est-ce qu'un conservateur? — Tactique déloyale. — Usurpation de titre. — Comment on se crée une cour de justice. — Contradictions sur contradictions.

Malgré les excentricités de tous les zélateurs du monde, les temps présents contrastent trop avec les ténèbres du Bas-Empire et du moyen-âge pour que les cris de réforme ne retentissent dans tous les cœurs nobles, chez tous les hommes de bonne foi en Israël. La réforme existe, elle pénètre par tous nos pores. Malheureusement elle n'est pas organisée, et, par cela même, chacun s'en crée une à sa mise et à sa guise, comme de tout temps chaque théologien se créait son système et ses pratiques à lui, et presque en opposition permanente aux usages reçus. C'est de l'histoire.

En 1823, M. Theil, chef du parti ultra de Berlin, fit des pieds et des mains pour obtenir de l'autorité la fermeture du temple que le vertueux Jacobson y avait érigé en 1815. Le gouvernement piétiste de Prusse, ne demandant pas mieux que de laisser le culte juif dans son abjection du passé, se prêta volontiers à la demande des prétendus *conservateurs,* prévoyant bien la rupture qui en résulterait, et les nombreux prosélytes que le *statu quo* synagogal amènerait à l'Eglise. Il ne s'est pas trompé dans son calcul: les désertions devinrent immenses, et la charité, innée dans le cœur israélite, alla couler vers une autre source.

Mais quand, plus tard, le gouvernement prussien se vit en quelque sorte forcé de faire des concessions plus libérales à la liberté des consciences, le parti de la réforme ne s'est plus contenté des innocentes innovations de feu Jacobson, les assemblées religieuses furent remises du samedi au dimanche, les prières se firent nu-tête, tout en allemand, quelques-unes à genoux, le nom ineffable fut prononcé en toutes lettres, etc. C'est ainsi que les extrêmes se touchent, que la réaction prend partout et toujours sa revanche. M. le docteur Pinner croit pouvoir réprimer ces hardiesses par l'appel à un Sanhédrin de l'Europe orthodoxe. Nous le prévenons charitablement qu'il *danse sur un volcan.* La fièvre des esprits en Allemagne est à son paroxysme.

En France une pareille rupture n'est pas à craindre : le parti progressiste est réellement maître de la place et des places ; il tient le dessus de tous les côtés, il n'a qu'à vouloir ; mais l'esprit de tolérance, la modération caractéristique du Français, le portent à ne jamais abuser de son pouvoir, et à n'en user même que quand il est poussé à bout par une trop forte irritation.

Le malade de la jaunisse voit tout en jaune, à la bonne heure ! Mais pourquoi voudrait-il disputer aux autres la vraie couleur des objets ?

Pour voir de quel côté est la force, faisons la revue de nos institutions religieuses et charitables, de notre attitude civile, sociale et intellectuelle.

Nos éminents rabbins, en grande majorité, sont des hommes de progrès. Lœb Asser, surnommé שאגת ארי״ה, avec toute sa profondeur dialectique, ne trouverait plus aujourd'hui dans le judaïsme émancipé, un village qui en voulût pour rabbin, pas même en Alsace. Ceci est un fait et ne se discute pas.

Nos Consistoires, nos administrations synagogales sont tous composés d'une imposante majorité d'amis du progrès, et les électeurs qui les nomment n'en paraissent pas les ennemis.

Sont-ce des conservateurs ou des progressistes qui nous ont dotés d'écoles régulières, depuis nos salles d'asile jusqu'à notre école centrale rabbinique ; qui ont ouvert nos loteries, nos concerts et nos bals de charité, fondé nos sociétés pour l'encouragement du travail, favorisé l'extinction de la mendicité à domicile, provoqué l'initiation religieuse des deux sexes, introduit le catéchistique dans l'enseignement, des chœurs et un chant méthodique dans la célébration du culte, remplacé le vieux jargon par la langue nationale, peuplé nos lycées et nos écoles spéciales ?

Sont-ce des progressistes ou des conservateurs qui ont fourni à l'armée des chefs militaires, au barreau des avoués et des avocats, aux tribunaux et aux cours impériales des magistrats, des députés à la tribune, des professeurs à l'université, des membres aux sociétés savantes, des artistes à la scène, des chefs et des employés dans toutes les administrations ?

A laquelle des deux catégories appartiennent nos grands industriels, nos armateurs, nos maîtres de forges, nos consuls, nos représentants du haut commerce et de la haute banque ?

Est-ce dans le judaïsme progressif ou conservateur que nous comptons les services rendus aux lettres, aux sciences et aux arts par des auteurs tels que Salvador, Franck, Terquem, Munck, Derenbourg, Isidore Cahen, Léon Halévy, Lévy Alvarez, Michel Lévy ; par des compositeurs tels que Meyerbeer, F. Halévy, etc. ? Et vous en êtes, ma foi, plus fiers, quoi que vous en disiez, que d'une boutique de deux cents *Lerner* en haillons.

Ce serait méconnaître les vues de la Providence, se montrer ingrat envers la patrie, mépriser tous les bienfaits de la civilisation moderne, que de s'aveugler sur ce miracle, véritable doigt de Dieu, **אצבע אלהים**, qui nous a fait passer, dans notre heureuse France, *de l'esclavage à la liberté, de la tristesse à la joie, du deuil à la fête, des ténèbres à la lumière* **ומאפלה לאור גדול.** Les pères de la synagogue primitive n'auraient pas manqué d'instituer l'anniversaire du 27 septembre 1791, en fête commémorative du refuge qu'offrait la France libérale à nos malheureux frères de tous les pays.

Dans cette affluence d'étrangers que l'hospitalité française a attirés vers la capitale surtout, se mêlent certains cénobites qui n'ont rien appris, qui n'ont rien oublié, et qui, comme Onias le tourneur **חנה המעגל**, se réveillant d'une léthargie de soixante-dix ans, sont tout étonnés et contristés de se trouver dans un monde nouveau. O malheur ! Tout est changé : autres mœurs, autre langage, autre genre de vie. *Où sont les oignons et les* *poissons, les concombres, les melons et les aulx que nous mangions à satiété dans la bienheureuse Egypte ?*

On plaint la mauvaise fortune, le ridicule n'inspire même pas de pitié. On se rit des vieilles duègnes à figure parcheminée, qui trouvent qu'on n'est plus galant comme autrefois ; que la jeunesse du jour ne cherche plus à plaire au sexe comme jadis.

Pendant dix-huit siècles de tribulations, faibles et comme étrangers sur la terre, *nous errions de pays en pays, de nation en nation ;* comme la colombe de l'arche, nous ne trouvions où poser avec sécurité la plante de nos pieds. Mais *celui qui rétablit les bannis dans leur demeure, sait aussi briser les chaînes de la servitude.* Soudain notre généreuse France, rompant avec les abus et les préjugés du passé, enveloppa tous ses enfants dans la même sollicitude. Nous eûmes enfin une patrie, nous devînmes citoyens investis de leur liberté de conscience. Dès lors, rompant également de notre côté avec les abus et les préjugés funestes, nés de l'oppression et de l'esclavage, nous prîmes pour devise : Religion, honneur, patrie, travail, union et concorde. Tout ce qu'il y a d'éclairé en Israël prêta la main à la réalisation de cette noble devise, et nos écoles, et nos institutions de charité, et notre sang répandu sur les champs de bataille, et nos ateliers, et les travaux d'illustres Israélites, et nos temples dignes de la majesté du culte, et l'instruction variée de nos pasteurs, tout cela vient attester si nous avons su nous placer à la hauteur des circonstances, en payant notre dette à la société.

Mais voilà qu'après soixante-sept années de la plus large émancipation, à la suite de paisibles labeurs du rabbinat français dans des conférences où régnait un parfait accord, et, soit dit en passant, où la montagne en travail n'est pas même accouchée d'une souris ; voilà, dis-je, que paraît une protestation revêtue de neuf signatures d'une commission se disant mandataire d'un parti *conservateur* de Paris. Ce qui fait entendre que les grands-rabbins venus de tous les points de l'empire aux frais de leurs circonscriptions respectives, sont des *démolisseurs.*

Il n'y a qu'un Paris dans le monde ! Le savant et vertueux Cologna, après avoir été successivement l'organe le plus brillant de l'assemblée des notables convoqués par Napoléon Ier, second assesseur du grand Sanhédrin, chevalier de la Couronne de Fer, grand-rabbin et président du Consistoire central, fut tellement dégoûté des chicanes et tracasseries des partis du judaïsme parisien, qu'il changea la plus haute position que jamais rabbin eût occupée au centre de la civilisation, contre le rabbinat de la ville la plus intolérante de l'intolérante Autriche.

Cologna n'était qu'un homme isolé ; mais quand le rabbinat français tout entier, animé de l'esprit de conciliation, cherche à se placer, comme le pontife du désert בין המתים ובין החיים pour essayer d'arrêter, par quelques timides concessions, la contagion envahissante de l'incrédulité d'un côté, et de l'autre celle d'un hideux bigotisme pour lequel tout est religion excepté la religion ; quand nos pasteurs n'osaient même pas, suivant l'adage de Maïmonides, sacrifier un membre pour sauver le corps, mais introduire seulement l'uniformité dans la synagogue française ; devait-on s'attendre à voir quelques hommes dont plusieurs ne sont pas même nés Français, remuer ciel et enfer contre l'autorité religieuse et légale de notre pays ?

Et qui sont ces hommes ? Quels services ont-ils rendus ? Quels établissements ont-ils fondés ? Quels ouvrages ont-ils publiés ? Quel est leur rang dans la société ? Quelles fonctions y occupent-ils ? Sur quoi fondent-ils le despotisme qu'ils veulent exercer sur le judaïsme français ? Connaissent-ils notre histoire, la situation nouvelle, les nécessités de l'époque ? Qui leur a donné mission de s'arroger comme Coré, le droit de demander à nos chefs spirituels מדוע התנשאו על קהל ה׳ tandis qu'ils usurpent eux-mêmes cette autorité, qu'ils sèment la dissension dans le tabernacle de la paix. סכת שלום·

De toutes les décisions de la conférence il n'y en pas une dont le commissaire synagogal du dernier des villages n'ait pu prendre l'initiative sans faillir au moindre dogme אפילו קל שבקלים ונתמנה פרנס על צבור הרי הוא כאביר שבאבירים (ר״ה כ״ה)

Combien ne comptons-nous pas de ces nouveaux usages adoptés spontanément sans appareil de conférence, et qui n'ont cependant donné lieu à aucune observation, n'ont jamais suscité le moindre trouble. Par exemple : les épousailles dans l'intérieur de nos temples, l'initiation religieuse des deux sexes, les parures en cheveux de nos dames les plus pieuses, le costume en prêtres catholiques de nos rabbins, la suppression de la succion מציצה, du Piut de טל וגשם dans la synagogue Askenasi de Paris et d'autres grandes communautés, celle de la bénédiction pontificale dans le premier office שחרית des fêtes, celle des inhumations précipitées, l'usage du corbillard. Connaissez-vous un acte plus religieux que la prestation du serment? Cela se fait *nu tête*, même par des rabbins, etc., etc. Personne en France n'a songé à protester contre ces changements autrement graves que les innovations proposées dans la conférence. Et neuf puritains inconnus se croiraient de force à dicter la loi au judaïsme français tout entier, et sous prétexte de nous préserver de la division synagogale de l'Allemagne, divisée elle-même en de si nombreux états, ils viendraient semer la dissension dans la synagogue française, en détruire l'homogénéité, nous plier sous leur joug, nous arracher notre costume du dix-neuvième siècle pour nous affubler des haillons du moyen âge? Savent-ils seulement ce que c'est que la *religion?* Demandez-le leur, ils ne vous répondront pas avec le psalmiste ה׳ מי יגור באהלך (Ps. xv); avec Michée הגיד לך אדם מה טוב (vi, 8); avec Isaïe, (xxxiii, 15) הלך צדקות ודבר מישרים; avec Hillel מה דעלך סני; mais ils vous diront que nos chefs religieux en rognant quelque peu certains pioutim baroques, *s'en prennent à la* RELIGION *elle-même et entreprennent sur* ELLE *un travail de triage et de correction contraire à la lettre et à l'esprit de la* LOI.

Religion, Messieurs, est synonyme d'union, union en Dieu par l'esprit et le cœur, union des hommes entre eux par la paix et la concorde, et voilà pourquoi nos saints prophètes, frappant vos discordes et vos superstitions, ont tant flétri vos jeûnes, vos macérations, vos encens, vos génuflexions, le sacrifice de vos taureaux et de vos génisses, qui était pourtant la plus auguste cérémonie du temple, mais rien que *cérémonie.* (*Voir* Ps. L.) Voilà *des réformes dans l'intérêt des impies et des violateurs de la loi;* voilà comme Dieu lui même déclare, par la bouche du prophète:

וגם אני נתתי להם חקים לא טובים

Et moi aussi je leur ai donné des ukases (1) *non convenables*

(1) *Ukase* (prononcez *oukase*) n'est là que pour l'imitation du son, mais non pas au détriment du sens. *Voir* Raschi sur זאת חקת התורה. — Nous avons bien lu une trentaine de commentaires sur ce verset d'Ézéchiel; autant dire une trentaine de contradictions. Rien n'embarrasse ces Messieurs : Mettez אתן pour נתתי et tout est dit. Pauvre Bible! chacun te fait parler, comme il voudrait que tu eusses parlé!

et des statuts par lesquels ils ne sauraient vivre. (Ezéchiel, xx, 25). Au spectacle de toutes les impiétés idolâtriques dont le peuple s'était souillé, ce cri de la désolation n'a rien de plus difficile que כי נחמתי כי עשיתם. (Genèse vi, 7.)

Sans doute, les cérémonies extérieures du culte ont leur haute portée ; nos sens frappés par le symbolisme religieux, doivent mieux nous conduire à des idées spirituelles qu'une pure métaphysique inabordable aux intelligences ordinaires, mais c'est profaner la religion elle-même et ses bienfaits et ses consolations, que de la faire consister dans des pratiques minutieuses dénuées de sens; que de croire décharger sa conscience par des misères et des pauvretés condamnées par la loi fondamentale; que de prendre l'essentiel pour l'accessoire, l'accessoire pour l'essentiel עקר טפל וטפל עקר. Et comme à toute chose, il faut un nom, ces hommes excentriques qui ne voient l'opinion que dans leur public à eux, se sont avisés d'emprunter au Dictionnaire politique le mot *conservateur*, et s'en sont affublés.

Toutes les fois qu'une sage législation parvient à épurer l'esprit et les mœurs par des réformes salutaires, par la suppression des abus, des exagérations, des préjugés funestes et surannés, des rigueurs de l'intolérance, les corps constitués pour être les gardiens vigilants des droits de tous, s'appellent *conservateurs*. Ils veillent à la liberté du bien et nous préservent de la liberté du mal. Rien de plus louable, de plus indispensable qu'une telle institution.

Mais de tout temps des esprits routiniers, intraitables, rétrogrades, méconnaissant les situations nouvelles, les nécessités de l'époque, les lois impérieuses du progrès, se sont révoltés contre la puissance légitime, sous prétexte de *conservation*.

C'était sous le voile du conservatisme qu'Eléazar exaspérant le roi Hircan, le poussa au saducéisme et avec lui tout ce qu'il y avait de grand en Israël (Fl. Josephe, Antiquités, liv. xiii, ch. xviii. Kiduschin.); que Rabbi Zaccharias, (suivant le Talmud,) s'opposant au tolérant usage d'accueillir les sacrifices offerts par les empereurs romains, devint la cause de la ruine du temple et de tous les malheurs qui s'ensuivirent. (Talmud Ghittin).

Se disaient aussi *conservateurs* ces sicaires et zélateurs qui, au lieu de suivre les conseils pacifiques de Rabbi Johanan-ben-Saccaï, de Flavius Josephe, de leur roi Agrippa, des plus sages des prêtres et du Sanhédrin, plongèrent Jérusalem dans l'abomination de la désolation; immolèrent, à leur fanatique fureur aux pieds des autels, les hommes les plus purs, les prêtres les plus saints ; égorgèrent sans pitié vieillards, femmes et enfants, et firent couler incomparablement plus de sang que ne le firent les Romains leurs vainqueurs. C'était par zèle pour la cause de Dieu !

C'est sous le voile de la même cause que, sous Adrien, Barkokeba, entraînant Akiba et les pricipaux docteurs de son école à la révolte contre la puissance romaine, devint le promoteur d'épouvantables représailles et de la dispersion générale des juifs dans toutes les contrées du monde.

Les janissaires qui déposaient et élevaient des sultans à leur gré, les Strelitz qui résistaient à toutes les réformes, les inquisiteurs qui voulaient catholiciser le monde, les hobereaux qui demandaient naguère aux Chambres prussiennes la salutaire restauration de la bastonnade pour les roturiers, les rusés diplomates de Bâle-Campagne, en violation des droits réciproques de citoyens américains, certains membres du Parlement britannique, quelques-uns de la première Assemblée nationale, ceux des Etats de la confédération germanique qui s'opposaient ou s'opposent encore en partie à l'émancipation complète de leurs concitoyens israélites, se disent tous *conservateurs*.

Rien de plus commun que le nom,
Rien de plus rare que la chose.

Le stabilisme est la condition des animaux ; ils seront toujours ce qu'ils sont, ce qu'ils étaient, dussent-ils vivre des milliers d'années. L'homme est un être de raison, et raison signifie progrès : progrès de l'âme intelligente qui, sans cesse, tend à monter, progrès du cœur et de la tête, progrès des idées religieuses et morales, progrès de la justice et du droit humanitaire. *Malheur, malheur à ceux qui appellent la lumière ténèbres, et les ténèbres lumière.* Ouvre tes yeux, perfectionne-toi ; régénère-toi, renouvelle-toi, c'est le cri de tous nos prophètes (1).

(1) Tel, profitant de l'אבדה et du טעות יהודי, vous maudirait en vous voyant accepter un verre de vin de votre ami *goï*. Tel autre ne manquerait pas un ספירה העמר במנין, qui appliquerait au ג״י אחד le verset ראה ויתר גוים.

Grâce au progrès, l'ancien *bon* Dieu est désarmé : le stylet *religieux* des sicaires ne joue plus de rôle ; les bûchers de la *sainte* inquisition ne fonctionnent plus ; les guerres de religion ont cessé, on ne voue plus des pays entiers à la destruction et à l'extermination, *ad majorem Dei gloriam;* l'anathème, l'excommunication, *Niddoui*, *Chérem*, *Schammata,* etc., rien de tout cela n'est plus à l'ordre du jour dans notre triste *galoth.* Que reste-t-il, hélas ! aux pauvres contempteurs de nos malheureux temps ! En Israël du moins, il leur reste la liberté de flétrir de leur réprobation les résolutions arrêtées dans les conférences de tous les grands-rabbins de France, de provoquer un blâme solennel de rabbins étrangers, qui, pour nous, n'ont aucun caractère, contre l'autorité religieuse légale, reconnue, instituée et salariée par l'Etat.

Examinons avec impartialité les curieux documents, si antipathiques au système de notre organisation religieuse en France, publiés par une opposition tracassière qui veut dresser autel contre autel, troubler l'homogénéité de la synagogue française, soulever la minorité contre la majorité, décliner la compétence des respectables organes de notre juridiction séculière et ecclésiastique. Cette espèce de procédure est unique dans les annales judiciaires, digne d'un brevet d'invention.

1° La réunion de nos grands-rabbins avait-elle un caractère public et légal ?

Les hommes d'élite qui composent le Consistoire central et qui sont nos organes légaux, les intermédiaires entre nos droits religieux et ceux de l'Etat, connaissent trop bien la loi française pour se permettre de réunir une *assemblée ecclésiastique clandestine.* La vérité est que non-seulement le gouvernement en a été touché et y a donné son adhésion, mais que le fait a été annoncé par presque tous les journaux français et étrangers.

2° Dans toute assemblée délibérante la majorité fait loi, autrement plus de solution possible, plus de tribunaux, plus de cours, plus de Chambres législatives, etc., ce serait une perturbation générale du repos public, de l'ordre social.

3° Les minorités sont en droit, non pas de faire un appel à la désobéissance, mais de faire consigner leur opinion motivée au *procès-verbal* des délibérations.

4° Chaque Etat se gouverne à sa manière : nul ne saurait être soustrait à ses juges naturels, à plus forte raison traduit devant un tribunal étranger autrement que par des traités internationaux.

Voilà cependant qu'à la suite d'un vote solennel, neuf individus se disant commission des conservateurs du judaïsme, se plaisent à publier un manifeste contre les opérations de notre assemblée rabbinique, et le document essentiel, le procès-verbal de leur installation légale comme mandataires de leur parti, n'y figure même pas ! Cependant, faute de connaître les chefs de file, il eût été intéressant pour nous de connaître au moins les sommités de ces zélés défenseurs du judaïsme antique ; leurs noms qui font sans doute l'orgueil d'Israël dans les fastes du dix-neuvième siècle, produiraient certainement une influence salutaire ; leur exemple nous imposerait, nous entraînerait ; la paix, l'union, la concorde régneraient sous les tentes de Jacob !

Cette observation si simple n'a pu échapper à la perspicacité de la commission, puisque commission il y a ; aussi s'empresse-t-elle de déclarer que *chaque homme, chaque femme et chaque enfant au milieu de nous a reçu le dépôt et la garde de la parole divine,* même nos fendeurs de bois, nos puiseurs d'eau. Pauvre rabbi Josué, tu n'as pas songé à celle-là quand Raban Gamaliel t'imposait la violation de ton *Kippour*. Pour te calmer, il ne fallait rien moins que la grande voix d'Akiba proclamant que tout ce que fait Raban Gamaliel est bien fait, et celle de Dossa-ben-Hirkan constatant que tout tribunal de trois membres établi en Israël, est aussi compétent que le tribunal de Moïse. Le savoir de Rabbi Josué était-il, par hasard, inférieur à celui de Gamaliel ? Voici les paroles par lesquelles ce dernier l'accueille : « *Salut ô » mon maître ! ô mon disciple ! mon maître en science, mon » disciple en obéissance.* » (Rosch Haschanah, chap. II, mischna 8.) Que de leçons dans ce fait déjà seul capable de renverser tout l'échafaudage de nos puritains !

Mais, répliquent-ils : « Nous avons pour nous une conférence » bien plus considérable, composée de rabbins français (d'une » partie de l'Alsace et de la Lorraine, provinces saintes par » excellence), de beaucoup de rabbins éminents d'autres pays, » notamment de ceux de Jérusalem. Nous leur avons soumis nos » scrupules, demandé la confirmation ou la condamnation des » décisions prises, et. (chose étonnante !) la condamnation est » *unanime !* «

D'après la jurisprudence rabbinique, l'unanimité de la condamnation est une absolution; mais n'abondons pas dans le sophisme et attachons-nous franchement à l'examen de cette procédure.

Que dites-vous, ami lecteur, d'un plaideur ou accusé qui réclame la faculté de choisir ses juges, de récuser seul les membres du jury qui lui déplaisent, de s'en composer un au besoin, de ne faire entendre que des témoins à décharge, et d'interdire la parole à la partie adverse et au ministère public? Voilà pourtant le miroir exact de la bonne foi des maladroits représentants des conservateurs du judaïsme! Si l'on nous avait donné le pour et le contre, nous aurions dit avec le poëte:

De nos cailloux frottés il sort des étincelles.

Certes, l'opinion d'un Rappoport, d'un Zunz, d'un Dukes, d'un Furst, d'un Reiffmann, d'un Hirschfeld, d'un Sachs, d'un Landshuth, etc., etc., qui tous se sont livrés à des recherches consciencieuses sur les travaux de nos poétanim, sur leur valeur historique, littéraire et scientifique, une telle opinion, disons-nous, quoique n'émanant pas de la cité sainte, aurait pu faire fléchir la balance. Ceux de nos rabbins français qui savent apprécier ces géants de la critique littéraire, se seraient courbés, non pas sous *l'autorité*, mais devant la *compétence* de tels hommes. Mais crier victoire en se sauvant à la faveur de l'obscurité, se donner gain de cause en évitant le combat, c'est simplement ridicule.

Voyons si nous sommes dans le vrai.

L'appel de la commission a été fait d'abord à tout le corps rabbinique français, même à des rabbins marrons qui n'ont aucun caractère légal. On s'est bien gardé de publier la liste des pasteurs infidèles qui n'ont pas répondu du tout, encore moins de ceux qui, comme MM. Nordmann, Dreyfuss et Lévy, ont eu le courage grand de répondre avec toute la franchise de leur opinion. Nous croyons que la majorité se trouve dans ces deux dernières catégories. La vérification en est facile, grâce à l'annuaire de M. Créhange.

Non, vous n'avez pas pour vous la centième partie des israélites parisiens. Une imperceptible minorité de rabbins, français ou non, ne peut pas nous imposer; nous sommes les maitres chez nous et avons pour nous une majorité autrement imposante, autrement éclairée. Et d'ailleurs, majorité ou non, la vérité reste toujours vérité, et l'absurde toujours absurde. Quand je suis aussi libre que mes heureux concitoyens, je ne puis, sans mentir à moi-même, me plaindre de mon esclavage; quand je ne souffre pas, je ne puis prier Dieu de me délivrer des souffrances que ne n'ai pas; je ne puis donner ma bénédiction aux princes de la captivité, aux chefs de la haute école, aux juges de la porte, lorsque rien de tout cela n'existe plus, ni former des vœux en faveur de ceux qui pourvoient le temple du vin nécessaire au *Kidousch* et à l'*Habdalah*, lorsque ces deux cérémonies y sont proscrites. Si la סכת עור de Léviathan est l'image de la concorde qui règne dans l'autre monde, qu'est-ce qui a empêché l'auteur de mettre סכת שלום? Ne serait-ce pas démence que de demander à y être abrité l'année prochaine לשנה הבאה? Sommes-nous dans la sincérité lorsqu'au début du festin pascal, nous convions tous ceux qui ont faim à prendre place à notre table?

A tout cela on répond toujours par le même refrain: « Nous « ne dérogerons pas à notre *loi de vérité*. » A la bonne heure! Je ne parle non plus que de la *loi de contradiction*.

XVIII.

COUP D'ŒIL SUR LA CORRESPONDANCE DU CONCILIABULE.

Vacillation du stabilisme. — Source du rite messin. — Grande opposition entre Moïse et l'orthodoxie moderne. — Apothéose du docteur Samson Hirsch.

Sauf réserve pour la réponse de Jérusalem dont on se pavane tant, je n'éplucherai pas cette correspondance fastidieuse entretenue avec des compères de près et de loin qui tous abondent en *extravagantes*, sans dire le mot ni de l'origine, ni de l'histoire de nos poétanim; qui partent de fausses prémisses pour en tirer de fausses conséquences ; qui rendent le שלחן ערוך responsable des opinions contraires d'Isserlès ; qui, faute de bonnes raisons, s'abattent sur le grossier persifflage ; qui nous parlent de stabilisme (מנהג קבוע) du moyen-âge, à nous citoyens libres du dix-neuvième siècle. Le bon sens du lecteur, tant soit peu intelligent, suffit pour faire justice de pareilles assertions qui sentent le moisi.

Savez-vous ce que c'est que מנהג קב״ע ? A Metz nous en connaissons cinq : les érudits de la *Haschkamah* ne disent point de *piout* du tout ; à l'oratoire du cloître (klause), on coupait le jeu en deux : on supprimait les *iotzeroth*, on conservait les *mousaphim ;* feu notre grand rabbin, M. Aron Worms, blâmait hautement les *pioutim* et ne permettait aux amateurs de sa réunion מנין, de les réciter, en leur particulier, qu'après la fin des offices ordinaires ; dans les autres réunions privées régnait une entière liberté, on les disait ou on ne les disait pas, soit en tout, soit en partie ; dans la grande synagogue, dite vieille, on a maintenu intégralement l'usage antique et solennel introduit par le boucher, le marchand de chevaux, le marchand de bestiaux et le courtier, qui, tous quatre, avaient reçu, en 1559, le privilége de quitter leur village pour s'établir à Metz (1). Pour avoir obtenu une faveur si exceptionnelle, ils devaient certes être de fort honnêtes gens, mais la chronique ne nous a conservé que leurs noms sans nous parler de leurs œuvres. Tout ce que nous savons, c'est que les rabbins russes, polonais et allemands, que leurs descendants se sont successivement donnés, pouvaient bien ajouter, tant qu'ils voulaient, au rite suivi par les quatre, mais n'en pouvaient rien retrancher (2).

Notre divin législateur, en voyant s'approcher le jour de sa mort, représente à son peuple la simplicité de la loi dans les termes suivants : « Considère, ô Israël ! que le commandement » que je te prescris aujourd'hui, n'est *ni caché, ni éloigné ;* il » n'est pas aux *cieux* pour te donner le prétexte de dire : qui » montera dans les hauteurs pour nous le rapporter, nous le » faire entendre, et nous obéirons ; il n'est pas *au-delà de la*

(1) L'histoire dit que tous les quatre étaient bouchers. J'ai suivi la désignation de leur état respectif d'après la chronique inédite de la bibliothèque publique de Metz.

(2) A l'occasion des persécutions des juifs polonais suscitées par les

» *mer*, pour te donner occasion de demander : « qui en franchira » l'espace, pour nous apporter cette parole, nous l'expliquer, « afin que nous l'accomplissions ? Non, la chose est très-près de « toi, dans ta bouche, dans ton cœur, pour l'exécuter. » (Deut., xxx, 11-13).

Quand le prophète sans égal prononça ces paroles sublimes de simplicité, pouvait-il se figurer que les guides d'Israël préconiseraient un jour *l'énigmatique, l'inintelligible, l'inexplicable comme propre à redoubler le sentiment religieux?* Que Kallir monterait *au ciel* pour en rapporter le chant des anges ? Que de Paris on s'adresserait *au-delà de la mer* pour savoir *ce qui est vrai, juste, conforme à sa loi sur les* PIOUTIM ?

Le premier paladin qui se présente pour battre en brèche les remparts de notre sanctuaire rabbinique français, c'est M. le Dr Samson Hirsch de Francfort. Il abaisse tant qu'il peut les guides spirituels que nous nous sommes donnés en toute liberté de suffrage ; et notre susceptibilité nationale, et notre patriotisme, et notre indépendance ne s'en trouvent nullement choqués. Bien au contraire, des Israélites se disant Français, célèbrent sa gloire, accordent les honneurs du triomphe à ses armes de Samson !

Mais pourquoi ce héros ne figure-t-il pas dans le document consacré à la grande coalition rabbinique de l'Europe et de l'Asie ? Pourquoi lui a-t-on tressé une couronne spéciale ? C'est qu'on voulait éviter la contradiction ; c'est que M. Hirsch, quoique

---

artifices de Hamil, rabbi Moïse Noriel a introduit à Metz ses litanies אל מלא רחמים pour être récitées deux fois l'an à l'intention de ces malheureuses victimes de la barbarie ; c'était vers 1660. En 1859 cela se dit encore le samedi, jour où la récitation des litanies est formellement interdite. En 1790, la populace messine avait cassé les fenêtres du quartier juif, émeute comprimée immédiatement et qui n'a pas coûté une goutte de sang. Comme moyen préservatif d'attentats semblables, le rabbin Phœbus Cohen a introduit שמר ישראל dans les offices quotidiens du matin et du soir, et cela se continue ainsi depuis bientôt soixante-dix ans. Mais quand rabbi Lion Asser (שאגת אריה) voulut défendre, en 1765, de dire אקדמות au milieu de la lecture du Pentateuque, des syndics effrontés crièrent à l'officiant de continuer comme toujours, et le rabbin ne mit plus le pied dans la synagogue que pour prêcher. Remarquons, en passant, qu'à Worms, qui était la résidence de l'auteur de ce poème mythique, on ne l'a jamais récité : Nul n'est prophète dans son pays.

rabbin de l'opposition francfortoise, sent son terroir allemand ; c'est qu'il se moque de nos conférences pour s'être occupées d'une question aussi futile que celle des *pioutim,* qu'il appelle la *misère du temps,* lorsqu'*on peut être très-bon israélite sans visiter la synagogue une seule fois l'année ;* c'est que les *Schiré Jeschurun* de la composition de M. Japhet, introduits dans la congrégation de M. Hirsch, sont aussi une innovation ; c'est qu'il veut que le gouvernement français salarie dans nos rabbins les inspecteurs de nos cuisines, de nos chambres à coucher, de nos comptoirs, et non pas les directeurs de notre *inutile* culte public ; c'est que le titre de *docteur* que porte ce rabbin a aussi quelque chose de suspect, aussi l'en a-t-on dépouillé pour lui donner celui de *grand-rabbin;* c'est que M. Hirsch lui-même avait supprimé le *Kol nidré, proprio motu,* dans son rabbinat d'Oldenbourg. Tout cela devait être antipathique à la commission sans commettants ; mais comme on ne voulait point détourner de leur point de mire les flèches lancées contre le corps rabbinique français, l'élucubration du docteur allemand a eu les honneurs d'une édition spéciale, en dehors des attaques des coalisés.

XIX.

JÉRUSALEM ACTUELLE.

« Comment en un plomb vil l'or pur s'est-il changé ! » — Triste condition physique, morale, religieuse et intellectuelle. — Portrait séduisant de Jérusalem par le rabbin Schwartz lui-même. — La misère qui change de domicile. — Les trois missions de charité. — Accueil enthousiaste fait à M. Albert Cohn. — Le tableau s'assombrit quand la charité s'éclaire. — Emeute contre Sir Montéfiore, qui veut transformer ses aumônes en établissements d'utilité publique. — Le docteur Frankl n'a rien à donner, mais il travaille pour l'avenir. — C'en est fait du salut d'Israël ! la cité sainte a une salle d'asile ! Pleure Jérusalem ! — Tribulations du pauvre docteur. — Son chant de délivrance en quittant anathématisé une terre anathème.

Après M. Hirsch, la seule correspondance qui mérite quelque attention est celle de Jérusalem.

M. le rabbin Schwartz en disant que « la Thorâ *émane* de

Sion, » applique sciemment au présent, la prédiction messianique d'Isaï, ch. II, v. 3. Comme artifice de style c'est très-pardonnable, et nous croyons que l'éminent rabbin n'avait pas d'autre intention en détournant ce centon du prophète de son sens littéral.

On a cru se servir du nom de Jérusalem comme d'un épouvantail propre à faire peur aux âmes simples. La nostalgie pour la Jérusalem actuelle est aussi excusable que celle du jeune lapon de la cour de Suède qui regrettait les belles neiges, les douces cavernes enfumées, les harengs saurs de sa chère patrie. Si Jérusalem a tant d'attraits pour vous, qui vous empêche d'y aller ? Mais, de grâce, ne faites pas venir la Palestine en France, nous n'envions ni ses pestes, ni la domination de ses pachas et de ses scheiks, ni ses tremblements de terre, ni ses guerres intestines anciennes et contemporaines. Le lait et le miel ne sauraient rien compenser de tout cela.

Jérusalem n'est plus qu'un souvenir historique ; ses jours de splendeur sont loin d'être comparables à ceux de ses calamités, de ses écarts, de ses impiétés. Le sommet de Sinaï, d'où est descendue la régénération de l'humanité, occupe un rang moral d'une sainteté bien supérieure ; ce n'est cependant pas de ce côté que se tournent nos regards dans l'adoration.

Comme métropole, comme siège du grand Sanhédrin, Jérusalem ancienne avait sa prépondérance, c'était la Rome juive. Mais avec sa ruine elle a perdu tous ses droits religieux et civils. (1)

Déjà, au milieu du troisième siècle, rabbi Johannan-ben-Eliéser, jaloux de la prospérité croissante de l'école babylonienne, retourna en Palestine et y rédigea le Talmud jérusalémite. Quelle valeur y attachons-nous? Pas plus que les jérusalémites eux-

---

(1) ההבדל בין ארץ ישראל לחוצה לארץ לא יתכן כי אם בעת אשר ארץ ישראל היתה משכן לאביר יעקב ומעון לעבודתו, אבל לפני ואחרי העת ההיא אין הבדל כל מאומה בין ארץ לארץ.

« La différence entre la Palestine et les autres pays n'est applicable « qu'à l'époque où celle-là était la demeure du protecteur de Jacob, et le « séjour de son culte; mais avant comme après cette époque, il n'existe « pas la moindre différence de pays à pays. »

Le Grand-Rabbin Jacob Reifmann,
Magghid n° 12, mars 1859.

mêmes. Cette œuvre gigantesque, qui avait précédé de deux siècles celle de Rab Aschi et de Rabina, n'était déjà plus connue de ceux-ci, puisqu'ils ne la mentionnent nulle part, et que les faits, rapportés dans le Babylonien, diffèrent du tout au tout de ceux qui sont consignés par le Jérusalémite. Les Académies de Nahardéa, de Sura, de Poumbéditha étaient autrement célèbres que les institutions déchues de la Palestine.

Dans des temps plus récents, en 1540, Jacob Béral de Zéphatha voulut tenter de rétablir à Jérusalem la dignité patriarcale et l'ordination (*semicha*). Rabbi Lévy-ben-Habib fit échouer ce projet en le tournant en ridicule.

Quel est le caractère de la population israélite de la Jérusalem du jour ?

Voici le portrait qu'en trace M. le rabbin Joseph Schwartz, dans sa *Description de la Terre-Sainte*, page 345 :

« L'amour de la patrie de leurs ancêtres et l'espoir de sa « restauration ayant été le seul mobile d'attraction pour nos « frères qui se sont établis à Jérusalem, ils ont moins à cœur les « soucis de la vie que le but de pouvoir vivre d'après les règles « les plus sévères de la sainte religion. C'est ainsi, par exemple, « que pendant les jours intermédiaires de nos grandes fêtes חה"מ « toutes les boutiques sont fermées, tous les genres de travaux « manuels, en suspension. Le journalier le plus nécessiteux ne « manquerait pas d'assister à tous les offices quotidiens de la « synagogue ; il n'enfreindrait pas la prohibition la plus méticu- « leuse. La plupart des habitants sont indigents et ne vivent que « des libéralités de leurs frères orientaux et occidentaux..... »

Et voilà les mœurs qu'on oppose aux mœurs françaises, et voilà les hommes que des pharisiens du dix-neuvième siècle vont opposer au rabbinat français !

Que les vingt-six colléges rabbiniques, avec leurs trois-cent-cinquante disciples théologiens-cabbalistes de Jérusalem, dictent des décisions à leur fidèle troupeau, rien de mieux ; mais connaissent-ils assez notre position sociale en France, les changements de nos habitudes, les nécessités de la vie civile et nationale, pour nous imprimer leur direction, nous appliquer leurs usages incompatibles avec notre civilisation ? Nous leur souhaitons, pour leur grand bonheur, d'être réduits à se modeler sur nous.

La plupart de ces théologiens de profession, sans exercice de fonction, sont ce qu'étaient nos casuistes et nos cabalistes partout ailleurs, encore à la fin du dernier siècle : pauvres cénobites, vivant d'aumônes, ignorant le monde et ses exigences, croupissant dans la misère, n'aspirant qu'à la plus large part de la distribution des deniers de la bienfaisance, et à une plus grande compensation dans la jouissance de la béatitude éternelle. Ceux de nos rabbins européens qui ont visité Jérusalem dans ces derniers temps, assurent que, sauf quelques honorables exceptions, la science, exclusivement religieuse de ces pieux fainéants, se ressent tellement de leur état d'avilissement, qu'elle est plus propre à inspirer le dégoût que l'amour de la religion.

Qu'importe à un casuiste sans emploi de mourir de faim en Pologne, en Russie ou à Jérusalem ? Du moins, dans cette der-dernière ville, il a droit aux aumônes qui affluent de tous les côtés, et, par-dessus le marché, la porte du ciel en est si près, et à la résurrection il sera immédiatement sur pied, sans frais de voyage souterrain! Voilà une excellente affaire, qui explique le concours de tant de fidèles.

Quelle est l'influence de ces initiés dans la science divine sur l'esprit de la population ?

Trois missions remarquables furent entreprises dans ces dernières années. Deux de ces trois furent d'abord accueillies avec un enthousiasme difficile à décrire, la population entière se porta en masse à la rencontre des nobles visiteurs. Tant que notre généreux M. Albert Cohn distribuait des secours matériels en piastres, il était en bonne odeur; cependant l'enthousiasme ne resta pas le même quand on eut appris qu'il s'agissait de remonter à la source de la misère, de la tarir par la création d'établissements d'utilité publique, à l'instar de ceux des pays civilisés.

Mais un spectacle scandaleux eut lieu lors du second voyage de sir Montefiore. Quand, après d'abondantes aumônes, le noble anglais fit connaître qu'il pensait à quelque chose de mieux qu'à des distributions d'argent ; qu'il fallait régénérer par le travail la population valide, acheter des terres à défricher, des bœufs pour les labourer, se livrer à l'exercice des états manuels ; qu'au lieu de laisser grouiller les petites filles dans des cloaques, il allait leur ouvrir une vaste salle d'école bien tenue et bien dirigée ; oh ! alors l'exaspération populaire ne connut plus de bornes. « Quoi, s'écria-t-on, il veut européaniser notre sainte cité.

« y introduire un judaïsme moderne ? Si nous n'aimions pas nos « ruines nous ne serions pas ici; qu'il soulage la misère présente, « c'est tout ce que nous lui demandons ; » et déjà une excommunication avait été lancée contre le héros de la charité universelle, lorsque le rabbin Isaï Bedarki parvint, à force d'exhortations, à calmer cette masse turbulente. Quant à sir Montefiore, il se vengea en vrai gentleman : au lieu de faire jeter les meneurs dans les cachots, comme il en avait la force et le pouvoir, il les apaisa par de nouvelles largesses.

Ces excès du fanatisme ignorant de la cité *d'où émane la Thorà,* vous paraissent incroyables, cher lecteur, eh bien, voici qui est plus incroyable encore :

En 1856, le savant docteur Frankl arrive à Jérusalem avec un pauvre fonds de 125,000 fr., non pas pour être donné en aumônes, mais pour quelque chose de plus stable : l'érection d'une salle d'asile au nom de Mme de Lœmel. Après avoir présenté ses hommages au Hacham-Bachi, qui lui fit l'accueil le plus sympathique, notre pieux pèlerin se rend devant le mur occidental du temple pour y faire ses dévotions. Les égards dûs à l'homme qui prie, à l'étranger surtout, à l'étranger de haute distinction encore plus, ce n'est qu'une règle de civilité enfantine; mais le fanatisme exalté connaît-il une règle ? Une voix furieuse vint interrompre l'oraison vespérale du docteur, en ces termes : « Ici « c'est une terre sacrée, nous n'avons que faire d'une école; tout est « pour le mieux et restera ainsi jusqu'à l'arrivée du rédempteur « qui, seul, peut nous sauver ; point d'édification là où tout doit « se ressentir de la destruction. » La nombreuse assistance resta témoin muet de cette sortie scandaleuse; M. Frankl, n'opposant à cette clameur de l'ignorance que le silence du dédain, se retira.

Le lendemain matin le bruit se répand dans la synagogue des Askenasim-Perouschim que le missionnaire de Mme de Lœmel était accueilli avec distinction dans la synagogue séphardéenne de rabbi Johannan-ben-Sakkaï. Dès-lors l'indignation fut à son comble : un deuil fut proclamé ; on s'opposa à la lecture de la Thorà ; on déplora les malheurs qu'attirerait sur Jérusalem un asile pour les petits enfants ; on assaillit la demeure du Hacham-Bachi, rabbin en chef de toutes les synagogues רב הכולל; et l'un des membres de la triste députation déclara à ce vénérable vieillard de quatre-vingt-neuf ans, que le *Beth-Din* Askenasi venait de le frapper lui-même d'excommunication à l'unanimité (1).

Cependant le docteur Frankl était muni de recommandations toutes puissantes près du pacha, des consuls des cours européennes, près du Hacham-Bachi lui-même, par les rabbins les plus célèbres de l'Occident et de l'Orient. D'un autre côté, par suite du Khaththi houmaïoun, le Hacham-Bachi de Constantinople venait de presser itérativement tous les rabbins de l'empire ottoman, d'ouvrir partout des écoles où les éléments des connaissances humaines marchassent de pair avec un méthodique enseignement religieux. Grand fut l'embarras du vénérable Haïm-Nissim-Abulafia. Comment sortir de ce mauvais pas? Ordre positif de provoquer l'ouverture des écoles, du chef de Constantinople; opposition, menaces, outrages de la synagogue Askenasi de Jérusalem s'il y procède. M. Frankl lui-même, après avoir fait le grand trajet, s'être cru assuré d'un succès d'emblée sous la haute protection de l'Empereur d'Autriche, ne voulait pas non plus qu'il fût dit de lui: *Jean s'en alla comme il était venu.* Il fallait donc à tout prix frapper un coup décisif.

On pouvait être aussi sûr des dispositions favorables des Sephardim, qui forment l'immense majorité de la population, que de l'opinion contraire du *conservatisme* germanico-russo-polonais. Après de longues hésitations sous la domination de la peur, et comme placé entre deux feux, le Hacham-Bachi s'avisa

---

(1) Pour se faire une idée de l'excès de suffisance et d'orgueil dont l'idiotisme est capable, il faut considérer que la population juive de Jérusalsm se compose de 6,000 indigènes du rite Sephardi, et de 2,000 Askenasim arrivés successivement d'Allemagne, de Pologne, de Russie, de Hongrie, etc. D'après cette proportion, quatre des grandes synagogues appartiennent aux Sephardéens; les Askenasim n'en ont qu'une seule. Le Hacham-Bachi est du rite Sephardi. Institué par décret impérial de la Sublime-Porte, il exerce une puissance presque souveraine sur les deux communautés juives; ses décisions sont sans appel; il a sès insignes et sa décoration; toutes les fois qu'il sort, un huissier marche devant lui avec un bâton à pomme d'ivoire; il a droit à 2 factionnaires devant sa porte; s'il y a renoncé, c'est par esprit d'humilité. Voilà ce qu'est le vénérable Abulafia qu'une tourbe de fanatiques audacieux vient insulter dans sa propre demeure. Le bon pasteur, avait pitié de tant d'ignorance. Il ne tenait qu'à lui de souffler un mot au pacha, et justice immédiate aurait été faite: mais on sait ce que c'est que la justice turque, et le grand Hacham ne voulait pas faire des martyrs.

enfin de convoquer, sous sa présidence, un grand synode composé de vingt-neuf membres représentant les deux communautés. La grave question soumise à leur délibération consistait à savoir, s'il n'était pas dangereux pour notre sainte religion de réunir de malheureux jeunes orphelins et les petits enfants des pauvres dans une vaste salle, bien aérée, bien appropriée, bien entretenue ; de les vêtir, de les nourrir, de leur donner les premières notions religieuses et morales, sous la sage tutelle d'instituteurs intelligents et capables, qui offrent toutes les garanties de moralité et de religion ; ou bien s'il ne valait pas mieux laisser ces pauvres petits innocents s'étioler dans le triste réduit paternel, dévorés par la vermine, rongés par les maladies cutanées, sans pain, sans vêtements, sous les yeux de mères ignorantes qui ne savent même pas lire l'hébreu.

Après trois mortelles heures d'acharnement plutôt que de raisonnement, on parvint à mettre la question aux voix. Sur les 29 députés, 4 se sont abstenus ; 8 ont voté contre l'établissement ; 17 pour. Inutile d'ajouter de quel bord étaient les suffrages favorables.

Le respect de la chose jugée est de principe universel. Cette règle ne trouve d'exception que dans le *conservatisme* judaïque. A Paris comme à Jérusalem ce qui est, est pour le mieux, même la misère, et surtout l'ignorance.

L'opposition askenasite de la cité de Dieu ne se tint pas pour battue : elle fit vacarme ; placarda de furieuses proclamations contre Mme de Laemel et son mandataire ; protesta énergiquement contre toute tentative d'ouvrir le nouvel établissement ; les offices de la synagogue et les prières près du mur occidental furent troublés par un tapage épouvantable ; un *Hérem* régulier fut solennellement prononcé contre M. Frankl et sa perverse entreprise ; on en vint jusqu'à des outrages personnels par des voies de fait. Pour calmer cette effervescence, il ne fallait rien moins que les sérieuses menaces du consul autrichien, qui, en effet, fit jeter en prison quelques uns des principaux perturbateurs. Dès-lors on vint à résipiscence ; on se renvoya réciproquement la balle ; du moment que c'était tout le monde, ce n'était plus personne ; le noble docteur poussa l'indulgence au point de solliciter l'élargissement de ses insulteurs, qu'il sut faire mettre en liberté sans jugement.

Il ne restait plus qu'un seul souci. Le nouvel établissement sur lequel pesait un *Hérem,* recevra-t-il un seul élève ? Le combat ne va-t-il pas finir faute de combattants ? אם אין צאן אין רועה. Le résultat a prouvé que ceux qui crient le plus haut ne sont pas les plus forts. Le Talmud le dit dans un bien court adage : *Le statère solitaire secoué dans le tronc crie kiskis.* Le nombre d'admissions, sollicitées pour la salle d'asile, dépassa juste le quadruple de celui que le vaste local pouvait contenir.

La salle, placée sous la haute protection de l'Empereur d'Autriche, fut solennellement inaugurée en présence du Pacha de Jérusalem entouré de tous les consuls des puissances européennes ; le vénérable nonagénaire Hacham-Bachi présidait à cette intéressante cérémonie avec une imposante assistance de coreligionnaires. Aujourd'hui les noms de Frankl et de Mme de Læmel sont mêlés aux bénédictions invoquées sur MM. Montefiore, de Rothschild, Albert Cohn et d'autres bienfaiteurs de Jérusalem.

Voilà une bien longue excursion hors de notre sujet. Nous en demandons pardon au lecteur ; il ne s'agissait pour nous que de lui mettre sous les yeux le crédit que mérite l'infaillibilité de certaines écoles de la Rome judaïque ; le cas qu'on doit faire de ce fétichisme qui s'agite violemment contre les institutions sociales les plus innocentes du monde, fussent-elles préconisées par un Hacham-Bachi ; opposition fanatique, qui déploie la même audace partout, et qu'un peu d'énergie suffit pour aplatir.

Nota. En parlant très-sommairement des tribulations du docteur Frankl, nous craignions de trop céder à l'entraînement des feuilles publiques, qui, pour se rendre intéressantes, tombent souvent dans l'exagération. Depuis que M. Frankl a publié lui-même la relation de son voyage, les faits se présentent sous des couleurs autrement sombres. Les cheveux se dressent sur la tête au récit de ces avanies, de ces brutalités, de ces grossières insultes avec lesquelles un hideux bigotisme est seul capable de s'acharner contre un savant étranger qui arrive les mains pleines de bienfaits, et qui partout eût été accueilli comme un messager céleste. Jamais nous n'aurions osé mettre en lumière un petit échantillon de ces tristes vérités, si, par les soins de l'Institut littéraire d'Allemagne, le journal en deux volumes du voyage de

M. Frankl, n'était pas répandu à 6,000 exemplaires. Chose cruelle à dire, et qui serait incroyable, si le fanatisme n'était pas le même partout : cette noble Mme de Lœmel qui consacre 125,000 fr. à la fondation d'une salle d'asile, et qui se charge de tous les frais d'un voyage en Orient où, pour être respecté, il faut figurer en Pacha, marcher sous bonne escorte et faire des largesses à chaque station; cette dame généreuse est traitée dans des proclamations répandues à Jérusalem « d'impie qui députe un impie; elle a « vécu avec un homme qui avait déserté la religion; ses enfants « sont idolâtres; son père avait contribué, dans la nouvelle « Ninive, à l'érection d'un temple où l'on fait de la musique et « où l'on chante à l'instar des Chrétiens.... »

« Quant à son mandataire, l'infâme Frankl, il est fou, *min* « (hérétique), frappé d'aliénation, blasphémateur, fils d'un « meurtrier et d'une prostituée, exécré du ciel, en horreur à « l'humanité, il a planté la croix dans le sanctuaire.... »

Enfants chéris et sensibles, qui arrosez de vos pleurs les tombes des pieux et vénérés auteurs de vos jours, de ces parents qui vous ont donné l'exemple des plus sublimes vertus et qui ne vous laissent d'autre consolation que la pensée de l'ineffable félicité réservée à leurs bonnes œuvres dans un monde plus heureux, votre cœur vous dit assez ce qu'a dû éprouver celui du fils adoré qui voit troubler par la gueuserie les cendres de ce qu'il avait de plus cher au monde.

O lapons! au prix d'une perversité si profonde, vos cavernes seraient mon paradis!

En quittant ce sol ingrat, M. Frankl salua son départ dans un cantique de délivrance dont voici quelques stances librement traduites :

« Je secoue la poussière de mes pieds en quittant cette terre « promise, ce sol où reposent les cendres des prophètes, où « jadis se dressait brillant l'autel du Seigneur. »

« La vue des saints lieux était le rêve de mes jeunes ans. « Comme la biche altérée brame après la source limpide, mon « cœur soupirait vers toi, ô Jérusalem! »

« Ah! puissé-je n'avoir jamais foulé ton sol! Puissé-je ne « t'avoir jamais contemplé que dans l'avidité de mon désir! Le « sort qui m'a conduit à la terre des patriarches, m'a-t-il été « plus propice qu'au prophète?... »

Rappelant la mort tragique du célèbre Juda Halévy aux portes de Jérusalem, notre poète s'écrie :

« Un barbare spadassin s'élança des hauteurs de Sion, te per-
« çant le cœur de sa lance étincelante; tes sublimes lamentations
« erraient encore sur tes lèvres, lorsque ton esprit s'éteignit sous
« une double angoisse. »

« Si ma gloire est loin d'égaler la tienne, pourquoi ai-je été
« frappé d'un plus cruel martyre ?

« Un coup de lance t'a percé le cœur ; mille coups m'ont brisé
« l'âme. Pour toi c'était l'ennemi étranger ; pour moi, l'enfant
« de la même race, le frère !

« Toi, bienheureux, tu as vu fouler ton peuple par le barbare ;
« moi je l'ai vu s'entredéchirer lui-même... »

« Et que sont donc des colonnes brisées, des pierres mutilées,
« témoins de la colère du ciel, si celui qui les pleure ne sent pas
« circuler dans ses veines le flot du pur amour ?

« Ils viennent à Jérusalem pour y mourir, pour reposer dans
« la vallée de Josaphat. Mon cœur aussi se mourut à l'aspect
« de ces héritiers du saint royaume de Dieu. »

« Moi aussi j'ai vu ces nouveaux gardiens de Sion danser au
« rond autour du veau d'or... »

« Si cette Jérusalem trois fois sainte n'était pas ensevelie sous
« ses ruines, les coups du ciel la détruiraient encore et briseraient
« son auréole.

« Il faut bien qu'on y compte encore jusqu'à dix justes ! —
« (de quel peuple ? difficile il serait de le dire), autrement, com-
« ment une nouvelle mer morte ne se précipiterait-elle pas des-
« tructive sur ses ruines ? » (Nach Jérusalem, Tome 2, page 298.

Ces adieux dictés par l'exaspération n'auront rien d'étonnant pour quiconque a lu le récit de toutes les ignominies auxquelles l'auteur a été en butte de la part de nos pieux cénobites de la cité de Dieu. L'ouvrage de M. Frankl mériterait d'être traduit en français.

Puisse celui qui sait transformer le désert en Eden , rallumer le flambeau éteint de Sion ! אור חדש על ציון תאיר.

XX.

USAGES JÉRUSALÉMITES.

Nouvelle vérité qui se dévoile dans une maxime honnie. — Pourquoi nous aurions accepté l'arbitrage de Jérusalem.— Tam-tams, danse aux flambeaux. — Joûtes gymnastiques devant le Héchel. — Liturgie. — M. Schwartz improuvera-t-il ce que M. Schwartz recommande? — Pour se débarrasser des importuns, il les renvoie devant son collége rabbinique qui rend le maître échec et mat. — Faites des livres!

Tandis que les scènes que nous venons de décrire se passaient à Jérusalem, une question non moins grave que celle de la légalité d'une salle d'asile, vint retentir dans les murs sacrés. *Des hommes honorables de Paris, parlant au nom des monuments écrits que nous avons reçus de Dieu sur le Sinaï*, et conformément à la loi de לא תסיר et du concordat franco-syrien, firent comparaître la majorité de leurs grands-rabbins, nos juges naturels dans les décisions liturgiques, à la barre d'un rabbin de collége de la ville que nous connaissons déjà.

Nous avons assez longtemps signalé le girouettisme pharisaïque dans tout le cours de notre triste polémique. Mais dans les pratiques minutieuses et ridicules que beaucoup de nos rabbins affectent d'exercer pour la captation des idiots, nous ne nous doutions pas encore que jamais ils assumassent sur eux la responsabilité de cette maxime tant reprochée à certains prêtres d'un autre culte : *Faites ce que nous vous disons, ne faites pas ce que nous faisons.* Il fallait que la correspondance avec Jérusalem vînt nous dévoiler cette nouvelle vérité.

A parler franchement, on nous aurait demandé si, dans la futile question de l'orgue et des pioutim, nous acceptions une décision émanée de Jérusalem, que, sans hésitation, nous y aurions souscrit d'avance. Nous nous serions demandé : היאך יכול החי להכחיש את החי? *La parole vivante peut-elle se démentir elle-même?* Ne lisons-nous pas en toutes lettres à la page 338 de l'intéressante description de la Jérusalem actuelle, par le savant R. Joseph Schwartz, que « pendant cinq ou six nuits consécutives de la

« fête de *Soukkoth,* de misérables musiciens turcs parcourent « toutes les synagogues brillamment illuminées, accompagnant « de leurs méchants tambourins les cantiques des degrés et autres « couplets hébreux (*Lieder*), tandis que les fidèles, dansant deux « à deux et agitant des flambeaux, se livrent à d'adroites mu- « tations devant le tabernacle (*Hechel*). » (D'après la version allemande du Dr Israël Schwartz, faite sous les yeux de l'auteur).

Sans doute, les tam-tams des synagogues de la ville sainte méritent une considération tout autre que les sons graves et majestueux de l'orgue. Qui sait ? Peut-être le Beth-din-Askenasi, en condamnant cet instrument, avait-il en vue un intérêt esthétique : il a pu penser à l'orgue de Barbarie.

Quoi qu'il en soit, trois vérités ressortent du fait que nous venons de rapporter :

1° Qu'à Jérusalem il n'est ni ridicule, ni scandaleux de faire participer à nos offices religieux des hommes qui s'en moquent intérieurement.

2° Que le deuil de Jérusalem n'empêche pas les instruments de musique de retentir dans toutes ses synagogues.

3° Que ces instruments, quoique discordants, ne font pas naître la discorde dans les communautés jérusalémites. Peut-être n'en serait-il pas de même d'une musique savante משום חקת הגוי. (Voir ce que nous avons dit de l'orgue, p. 6 et suiv.)

On pourrait nous objecter que l'opinion du tribunal de Jérusalem s'est prononcée en vue de l'*immutabilité* de nos usages. Nous croyons nous-même que la pitié pour les âmes timorées y est entrée pour beaucoup ; car M. Schwartz lui-même, en exposant sa liturgie de Jérusalem (page 330), forme le vœu bien ardent qu'elle puisse servir d'imitation à tous ses frères occidentaux. Peut-on désapprouver des usages que l'on recommande ?

Or, que voyons-nous à Jérusalem ?

Page 333. *Pâques : Piutim haben wir nicht.* « Nous n'avons « point de pioutim, seulement quelques-uns pour le טל se « chantent après la lecture de la loi, entre les deux offices. »

Page 334. *Pentecôte,* « *keine pioutim* » point de pioutim, « point d'*Akdamoth.* »

Page 335. 9 *d'Ab.* « Prédication touchante, kinnoth chantés « en chœur, après l'office, par l'assemblée entière. »

Page 336. Nouvel an : « Costume ordinaire, point de linceuil,

« non plus le *Kippour ;* récitation des pioutim, jamais au milieu « des prières, toujours avant, après ou entre les deux offices. »

Id. « Point de flagellation la veille du *Kippour.* »

Id. *Jour du Kippour :* « Quelques pioutim avant ברוך שאמר, « mais jamais par interruption dans l'intérieur des prières : pause « d'une heure et demie entre Moussaph et Minchah pour laisser « quelque répit aux vieillards et aux faibles ; prédication morale « durant cette pause. »

Pages 337 et 338. *Soukkoth.* (Voir, pour les soirées de ces fêtes, ce que nous avons dit plus haut).

Le *grand Hosanah.* « Après עליני seulement, on prend les « roseaux pour en effleurer légèrement le sol, sans le moindre « bruit saisissable. »

Page 339. « Le huitième jour (*Schemini Azéreth*), quelques « pioutim pour le גשם, mais avant *Aschré* du *Moussaph.* A « l'issue de ce jour, grande réjouissance, pompeuses processions « synagogales au son des instruments et à la lueur des flambeaux »

Voici quelques autres usages jérusalémites consignés par notre auteur et qui feraient crier chez nous à l'hérésie.

Page 330 et suivantes. Pour rendre l'office matinal accessible aux fidèles de toutes les conditions, ce service est célébré journellement quatre fois consécutives dans la grande synagogue ; mais la lecture de la Thorâ du lundi et du jeudi ne se fait qu'à la première réunion et *non pas aux trois autres.* Le *Maarib,* au contraire, n'a jamais lieu *qu'une seule fois,* après le coucher du soleil. אלהי נשמה et les bénédictions matinales ne sont jamais récitées à la synagogue. Le Kadisch est toujours dit par tous les Abélim ensemble, mais jamais isolément, encore moins ce que les Allemands appellent *Lern-Kadisch.*

Vendredi soir point de לכו נרננה, mais לכה דודי s'exécute en chœur avec harmonie, lecture de la Mischnah במה מדליקין suivie du *Kadisch* de *rabanan,* ensuite seulement ברכו. Jadis le Kidousch se faisait à la synagogue Talmud-Thorâ en faveur des mendiants nomades. Depuis que la charité publique les a pourvus du vin nécessaire à cette cérémonie, elle a été suspendue à la synagogue.

Le matin du samedi et des fêtes il n'y a qu'un seul service. Le *Sépher* est déroulé devant le Héchel même et porté haut des deux mains par celui qui a l'honneur de la הוצאה והכנסה, il est ainsi promené déployé à travers tous les rangs des assistants; l'officiant ouvre la marche indiquant avec la main d'argent, יד, la lecture du jour, chacun touche le Sépher de son *taleth* qu'il baise ensuite; après cette procession, le Sépher, monté sur la *bimah*, est encore montré à la vénération des quatre côtés de l'assemblée qui, en prosternation, récite וזאת התורה. Alors, conformément à l'adage אין למוד אלא בישיבה, chacun *s'asseoit* sans quitter sa place. Le silence est tel pendant la lecture qu'on dirait que l'espace est vide. Les קרואים ne sont jamais appelés par leur nom. Le dernier appelé שביעי, s'appelle à Jérusalem משיים, c'est celui-ci qui récite le *Kadisch* sur le Sépher.

A l'exception du 9 d'Ab, le *Douchan* a lieu chaque jour, et le samedi deux fois: au Schachrith et au Moussaph. Tous les samedis à deux heures il y a prédication suivie de considérations sur la lecture du jour.

Point de scapulaire ד' כנפות avant l'âge de treize ans accomplis.

Les morts sont enterrés à Jérusalem sans cercueil; les fosses sont creusées longtemps d'avance. Oraison funèbre avant l'enterrement pour chaque cas de mort, au domicile mortuaire; tous les présents s'assoient ensuite à terre en chantant זכור ה' מה היה לנו. Au sortir du cadavre, nouvelle oraison funèbre; une troisième à l'arrivée à la synagogue, une quatrième à la porte de Sion, une cinquième, enfin, à l'entrée du cimetière où tout le cortège prend encore place à terre.

Pendant le convoi l'air retentit du chant de ויהי נועם. Mais à l'enterrement d'un érudit talmudiste se manifestent en plus toutes les formes de deuil de l'antiquité: les pleureuses jettent des cris lamentables, se tordent les bras sur les plates-formes des maisons, et une complainte alternative à déchirer le cœur est poussée dans tous les rangs.... Les personnes en deuil ne changent jamais leur place à la synagogue.

Le samedi chacun sort avec sa canne comme aux jours ordinaires.

Comment concilier ces usages liturgiques présentés comme modèles aux frères occidentaux, avec la réponse des frères de Jérusalem? Voici comment nous nous expliquons la chose:

M. Schwartz était homme à secouer de sa manche la réponse à des questions dont la solution se trouve déjà dans son savant ouvrage sur la Terre-Sainte. Mais tout dépend de la manière de poser une question. Si celle-ci est nette et claire, la réponse l'est aussi. Rabbi Simon-ben-Jochaï soumet à Rabbi Josua une question autrement grave, savoir : Si la prière du soir est *facultative ou obligatoire ?* — Réponse : *Falcutative* רשות. S'adressant ensuite à Rabban Gamaliel. — Réponse : *Obligatoire* חובה (Berachot, f° 27 b). La question ainsi appliquée aux pioutim, M. Schwartz aurait pu être aussi laconique que ses devanciers du premier siècle. Mais voici dans quels termes la question est posée : « Est-il permis à un petit nombre de rabbins de soumettre à leur « examen les usages *antiques et sacrés* du judaïsme ; de faire « subir une révision *critique et réformiste* à un état de choses « établi par les CHEFS DE LA SYNAGOGUE QUE L'ESPRIT DE DIEU « AVAIT INSPIRÉS, ET CONSACRÉ PAR DES SIÈCLES DE VÉNÉRATION ET « DE PIÉTÉ ! ! ! »

Quel est le lecteur qui ne pense pas ici, sinon à Moïse, aux prophètes, aux *Sopherim* et à leurs successeurs, du moins aux *Sebouraïm*, qui ne remontent qu'au sixième siècle, et qui déjà ne pouvaient plus rien ajouter au Talmud. Mais si les pioutim n'étaient pas encore nés, comment les chefs inspirés de la synagogue pouvaient-ils les prescrire ? Voilà comme on égare l'opinion en confondant l'antiquaille avec l'antique, les oripeaux du moyen-âge avec les sublimes *inspirations* de nos livres divins ; de vieilles momeries avec les usages *solennels et séculaires* qui relevaient tant la splendeur du culte ; des pratiques bizarres et ridicules avec les augustes cérémonies du temple. Conservez votre sang-froid.

Etourdi par la fausse position de la question qui est à cent mille lieues de nos *pioutim,* M. Schwartz ne peut plus répondre par *oui* ou par *non. Absorbé par ses fonctions,* il renvoie la question à l'étude de son *Beth-din-Askenasi.* Ces rabbins pouvaient-ils répondre autrement qu'ils ne l'ont fait ? Tout le monde ne sait-il pas ce qu'on entend par LES CHEFS DE LA SYNAGOGUE INSPIRÉS DE DIEU ? Alarmés par cet état de choses, Rabbi Elie, son Beth-din, Hacham-Bachi et ses Hachamim portugais ont dû tous abonder dans le sens de la question posée par les neuf signataires se disant les mandataires de la majorité des rabbins français. Eh ! qui pourrait résister à ceux qui parlent *au nom des monuments écrits que nous avons reçus de Dieu sur le Sinaï ? Voulez-vous arracher de son livre divin les pages immortelles écrites par la main de Dieu et le sang de mille générations de saints et de martyrs ?* (qui se sont laissé égorger pour les *pioutim.*)

Lecteur, qui que vous soyez, avouez que vous auriez répondu comme les rabbins de Jérusalem.

XXI.

LA QUESTION POÉTANIQUE RÉSOLUE DE FAIT.

La passiveté rigoriste est la condition de l'idiotisme. — Cent contre un. — Encore Jérusalem. — Les Sephardim sans appareil de conférence, laissent mourir de leur belle mort des poèmes immortels. — Les quatre synodes d'Allemagne. — La congrégation de Cincinnati et le Rabbin de la Grande-Bretagne. — Rabbins payés par la France qui travaillent pour les sujets du Roi de Bavière. — Rideau levé sur les travaux secrets des rabbins communaux. — Reculade devant le fait et le droit. — Les Drogmans vaniteux désarçonnés à la première passe-d'armes.

Se poser en champion du stabilisme est chose très-facile. L'autorisation en matière de litige exige raisonnement, la défense n'en demande aucun: chaque idiot peut rester passif, s'abstenir de faire ce que la loi ne défend pas. D'après l'axiome סתם הוראה לקולא, « dans la décision l'allègement est de règle. » Raschi dit positivement (Ketuboth f° 7[a]),

דאיסור לא קרא הוראה, משום דכל אדם רשאי להחמיר

« Le rigorisme ne peut pas s'appeler décision, chacun pouvant être rigoriste. » D'un autre côté la permission רשות, n'infère pas l'obligation. Loin de là, on peut se rendre moralement coupable en usant d'une permission. La loi française, par exemple, n'oblige pas les parents à envoyer leurs enfants à l'école; est-ce à dire qu'il leur est défendu de le faire?

En appliquant ce raisonnement à nos *pioutim,* en posant net la question comme Ben-Jochaï: sont-ils *facultatifs* ou *obligatoires?* Nous trouverons quelques casuistes qui, sans aborder directement la question, se servent de biais pour les déclarer, non pas *obligatoires,* mais *permis*. Et si l'auteur du בית חדש attribue la mort précoce de je ne sais quel individu, à la suppression des *pioutim,* Rabbi Chiskiah di Silva s'écrie, au contraire, dans son פרי חדש: « Plus vous en supprimerez, plus vos jours « et vos années se prolongeront en bien et en félicité. » Mais nous comptons par centaines, et des plus éminents, les auteurs qui les interdisent formellement : leur nombre ne nous laisse que l'embarras du choix.

Cependant comme l'expérience est le meilleur des maîtres, constatons d'abord ce qui se passe sous nos yeux.

Nous avons déjà vu par les citations de l'excellent ouvrage de M. le rabbin Schwartz, que si à Jérusalem même on a conservé plus ou moins de *pioutim,* c'est comme prologues ou épilogues des offices obligatoires qu'ils ne doivent jamais interrompre. De cette manière les retardataires et ceux qui, par position sont pressés de quitter la synagogue, peuvent au moins assister aux offices ordinaires qui durent rarement plus d'une heure.

Nos communautés séphardéennes, en France comme ailleurs, ont depuis longtemps supprimé leurs *pioutim,* quoique ces compositions dues aux Gabirol, aux Maïmonides, aux Ibn-Esra, aux Juda Lévy, etc., soient tout bonnement des chefs-d'œuvre. Nous ne sachions qu'aucune commission de conservateurs du judaïsme ait jamais protesté contre *ces suppressions si subversives à la* RELIGION, *à la* LETTRE *et à* L'ESPRIT *de la* LOI. Voilà un מנהג קבוע, tombé, comme tant d'autres, nous ne savons comment, et sans aucune opposition.

Dans les quatre synodes qui se sont succédé en Allemagne de 1843 à 1846, où se sont agitées tant de graves questions, celle des pioutim n'a pas même été abordée. On ne s'occupe pas de ce que le bon sens populaire a fait tomber en désuétude ; ce qui n'est pas contesté n'est pas sujet à controverse.

Le vénérable docteur Adler, grand-rabbin de toutes les communautés israélites de la Grande-Bretagne, consulté sur le règlement synagogal que se sont donné les nouvelles congrégations de Cincinnati, a souscrit, sans hésitation, à la suppression des *pioutim.*

Le judaïsme de Furth ne s'est jamais laissé entamer. Dans cette ville on ne trouve pas un seul magasin, un seul atelier juif ouvert le samedi. Néanmoins quand on a essayé de proposer timidement aux membres de cette communauté l'adoption des mesures arrêtées dans la conférence parisienne : « Ceci, répon-

« dirent-ils, n'est pas une *réforme*, ce n'est qu'un simple « réglement d'ordre dont l'innocuité saute aux yeux. *Honni soit* « *qui mal y pense!* »

Pour ce qui regarde nos rabbins français dans leur immense majorité, ils ont trouvé dans le vénérable président, parlant au nom de la conférence, un organe trop éloquent, trop compétent et trop véridique pour qu'il soit nécessaire de revenir sur une question suffisamment débattue, sur la force de la chose jugée. « En abordant les questions du programme, dit le respectable « chef de la synagogue française, nous étions préparés, non « seulement par nos propres réflexions, mais aussi par les tra- « vaux préliminaires des rabbins communaux à qui ces questions « avaient été soumises, et dont les avis, résultat d'un examen « sérieux, ont été sous nos yeux, nous guidant, sans toutefois « nous lier les mains, dans l'appréciation des besoins des com- « munautés et des vœux de leurs pasteurs. » (Lettre pastorale du grand-rabbin du Consistoire central du 25 septembre 1856, p. 5.)

Nous ne connaissons pas les travaux préliminaires des rabbins communaux, mais si les paroles onctueuses du vénérable M. Ulmann avaient besoin d'appui, nous en trouverions la confirmation dans la bouche d'un témoin non suspect qui a pris une part active à la plus grande des deux assemblées préparatoires. « Même dans la conférence des rabbins tenue à Colmar, dit « l'éminent chef de la synagogue de Mulhouse, l'immense majo- « rité des rabbins s'était déclarée hautement mécontente de l'état « des choses actuel, et avait proposé plusieurs modifications « dans le culte tel qu'il existe. Rien ne serait donc plus criminel, « tant de la part de ceux qui se croient seuls en droit de porter « le nom d'orthodoxes, que de ceux qui se font honneur d'arbo- « rer le drapeau de la réforme, que de se croiser les bras dans « un doux *far niente* et de se contenter du *statu quo*, parce que « aucun mouvement ne s'est encore fait sentir pour en sortir. » « (*Lien d'Israël*, décembre 1857, p. 306.)

Déjà dans son numéro de mars de la même année, p. 398, l'honorable M. Dreyfuss avait préludé à cette manifestation de son opinion par les belles paroles qui suivent :

« Qui pourrait prétendre que notre culte public et nos céré- « monies domestiques sont ce qu'ils devraient être ? L'ignorance

« de la langue hébraïque étant devenue générale, les neuf-
« dixièmes (1) des fidèles ne prient-ils pas sans comprendre un
« mot de toutes les prières qu'hommes, femmes et enfants ont à
« réciter soit dans la synagogue, soit à la maison, pendant toute
« l'année ? Encore si, par une bonne prédication, le public était
« initié dans la science de la religion et édifié, par moments, par
« les accents du prédicateur ; mais la prédication n'est-elle pas
« aujourd'hui encore à l'état d'embryon chez nous ? Et elle res-
« tera encore longtemps dans cet état, si le culte et notre sys-
« tème de prières ne sont pas considérablement modifiés (2). Peut-
« on nier que l'Israélite d'aujourd'hui, en général, ne soit pas
« plus éclairé, moins enclin aux préjugés populaires qu'autre-
« fois ? Aujourd'hui on ne veut plus se contenter de réciter des
« prières dont on ne comprend rien, ni d'assister à des céré-
« monies qui ne parlent plus au cœur de l'Israélite. Tout est de-
« venu lettre morte. L'habitude peut exercer encore un faible
« empire sur ceux qui ne réfléchissent pas ; mais à mesure que
« le nombre des hommes pensants augmente, augmente aussi le
« nombre de ceux qui s'affranchissent des habitudes qui n'ont
« pas de sens pour eux. Et qui donc doit veiller sur le sa-
« lut des âmes, si ce ne sont pas ceux qui en sont chargés léga-
« lement ? Qu'on ne se trompe pas, ce ne sont pas des laïcs qui
« demandent des réformes en France. Les ignorants comme les

---

(1) M. Dreyfuss pouvait dire hardiment les *quatre-vingt-dix-neuf centièmes*, sans rester au-dessous de la vérité.

(2) Cette réflexion de l'auteur sur la rareté de la prédication est frappée au coin de la vérité, et si, de temps à autre, nous trouvons un sermon ou prétendu tel dans un de nos journaux israélites, ce fait même prouve que la prédication est un évènement. Malheureusement, et à quelques honorables exceptions près, la voix de nos pasteurs ne retentit guère plus dans nos journaux judaïques que sous la voûte de nos temples. La crainte de la tempête empêche le nautonnier de s'approcher du rivage. Combien nos idées sur la conférence parisienne n'ont-elles pas reçu d'adhésions rabbiniques, même de nos possessions africaines ; mais, dans nos journaux, pas un mot, si ce n'est la lettre si sympathique du loyal rédacteur du *Lien d'Israël*.

Je crains *tout,* cher Abner, et n'ai point d'autre crainte.

Au moment où nous écrivons cet article, nous lisons dans le *Lien d'Isaaël* (juin 1858, page 30), une lettre apologétique sur notre travail, par M. S. Lévy, rabbin de Lunéville. Cette manifestation n'a d'autre dé-

« hommes éclairés, les pauvres comme les riches ne demandent « pas mieux que de persévérer dans le *statu quo*. Pour les uns » il est plus facile d'être machine que de faire aller la machine ; « pour les autres, il est infiniment plus commode de rester à « l'écart de tout, sous le prétexte que le *statu quo* ne leur con- « vient pas. Voilà pourquoi aucune voix laïque ne s'est encore « élevée officiellement pour réclamer une amélioration dans notre « état de choses, si vicieux cependant aux yeux de tous (1). »

Au milieu d'un rabbinat qui s'annihile, d'administrateurs consistoriaux qui craignent leur ombre quand il s'agit de mettre à exécution la chose solennellement jugée, on est heureux de trouver du moins, en Alsace surtout, un rabbin d'une orthodoxie éclairée exposer franchement ses principes avec lucidité, sans fiel, sans ironie, sans mordante raillerie. Fidèle à son programme, M. le rabbin Dreyfuss, s'il se voit dans la nécessité de combattre ou de soutenir une opinion, c'est, comme il l'avait promis, « avec la modération qu'exigent les convenances hu- « maines et l'amour et la charité qu'inspire la religion. » (*Lien d'Israël*, février 1856, p. 198.)

Certes, comme l'a fort bien déclaré le Consistoire central à une autre occasion, *on ne doit rien entreprendre qui puisse éveiller les susceptibilités toujours respectables des hommes*

---

faut que de trop exalter nos faibles efforts, ce qui ne peut trouver son excuse que dans le silence qu'observent tant d'hommes plus capables que nous, mais qui, par peur ou par indifférence, n'osent dire tout haut ce qu'ils pensent tout bas. Nous ne remercions pas moins le digne pasteur de son bienveillant témoignage de sympathie, et le félicitons surtout de cet acte de vrai courage rabbinique. Redressons en sa faveur le vers de Racine ;

« Je crains Dieu, cher Abner, et n'ai point d'autre crainte. »

(1) Parfaitement exact ! Deux cents, deux mille pioutim ne produiraient pas l'effet d'un seul sermon de l'éloquent grand-rabbin de Paris, qui fait restituer un sac de 5,000 fr. abandonné, on ne savait par qui, dans un wagon. Telle est la puissance de la parole qui sait remuer la conscience du pécheur. En est-il de même de cette machine dressée à battre des lèvres, des mots, pendant six et jusqu'à treize heures, sans y comprendre la moindre chose? Cette opération mécanique est-elle propre à inspirer du goût ou du dégoût pour la religion? Nous laissons aux psychologues le soin de répondre à cette question.

profondément religieux. Est-ce à dire que des hommes non moins profondément religieux, mais plus éclairés, sacrifient leurs convictions à ce que dans leur âme et conscience ils considèrent formellement, pour notre époque, comme *anti-religieux*, et les *imprécations* que nous avons signalées (page 100 et ailleurs) ne sont-elles pas de ce nombre? Non, mille fois non, nous, hommes libres, nous ne pouvons pas réciter nos prières comme nos ancêtres esclaves. D'ailleurs, comme nous l'avons dit dès le début de notre travail : chantez *chez vous* des *pioutim* tant qu'il vous plaira, maudissez-y l'Égyptien, l'Iduméen, l'idolâtre et le croisé, comme faisaient nos pères, il faut souffrir ce qu'on ne peut empêcher, mais nous forcer de faire chorus avec vous dans notre culte public, c'est autre chose!

Il ne faut jamais aborder une question sans l'avoir étudiée. En nous livrant à l'investigation de la vérité sur les pioutim, nous les avons trouvés condamnés dès leur apparition.

On ne s'explique pas, en effet, comment a pu tomber en désuétude une institution aussi sage, aussi raisonnable, d'une utilité aussi incontestable que celle du *Methourguemanat* fondé par Esdras, le chef des scribes, que l'on compare à Moïse. La *Thora* n'est pas une *prière*, c'est un *enseignement*, et tout enseignement doit avoir un résultat. Qu'y avait-il donc de plus naturel, dès le retour de l'exil, où le peuple n'entendait plus le texte hébreu, que d'établir des traducteurs pour le lui interpréter dans les assemblées publiques?

D'un autre côté, quelle est la signification de cette réticence de M. le président de la conférence rabbinique qui, sur la question *de la convenance de traduire et de paraphraser une partie de la Thora et des Haphtaroth chaque samedi et jour de fête,* a la précaution d'ajouter immédiatement qu'*il n'est ici nullement question de l'ancienne institution du Methourgueman?*

Pourquoi cette réserve contre une institution fondée par Esdras et son synode עזרא וסיעתו? (Nédarim, f° 37 *b*.) C'est que dans les âges d'ignorance et de décadence tout dégénère. Les traducteurs, fidèles au texte sous l'ère des *Sopherim,* finirent par en altérer le sens : ils ne traduisaient plus, ils poétisaient les saintes Ecritures ; égaraient un peuple crédule par les fantômes de leur imagination ; en en un mot, ils se firent *poëtanim*.

Le Midrasch sur Ecclésiaste, VII, 5 et IX, 17, exprime ainsi son dédain pour ces paraphraseurs poétaniques :

טוב לשמוע גערת חכם, אלו הדרשנים, מאיש שומע שיר כסילים אלו המתורגמנין שמגביהין קולם בשיר להשמיע את העם ·

« *Mieux vaut entendre l'admonition du sage,* se rapporte aux « *homéliastes, que le chant des fous,* s'applique aux *truchemans* « qui entonnent des cantiques pour faire entendre leur voix au « peuple. »

Cette allure poétanique se fait déjà remarquer chez certains paraphrastes échappés à l'oubli, et, comme le fait observer le docteur Reiffmann, dans le journal *Zion,* (Elul, année 5601, page 196,) le premier *Targum* du livre d'Esther renferme déjà un ordre alphabétique à partir du chapitre v, **14**, et a pour acrostiche le nom de son auteur משה אדא (Moïse Ada). Le second (dit תרגום שני), suit un ordre alphabétique direct, un autre inverse, תשרק, et enfin un troisième double. Ce qui vient confirmer la vérité historique des soupirs du Midrasch cité, et l'aversion qu'avaient déjà pour les poétanim ou paraphrasistes les docteurs de l'époque talmudique, qui les ont condamnés dès l'origine. C'est ainsi que les institutions les plus salutaires dans leur principe, et dussent-elles remonter à un *second Moïse* (1), demandent à être réformées ou supprimées du moment qu'elles dégénèrent en abus ; qu'elles égarent ou stupéfient l'esprit du peuple.

---

(1) Selon le *Talmud,* Esdras eût été digne de recevoir la loi, si Moïse ne l'avait précédé.

XXII.

ECHOS ANTI-POÉTANIQUES.

Des injures ne sont pas des raisons. — Tribulations d'un synonymiste. — D'appel en cassation. — Résumé du travail du chevalier Wolff, chef du rabbinat danois. — Panthéon des illustrations anti-poétaniques. — Comment les pioutim, abolis partout, sont encore enracinés dans la terre de la civilisation et des lumières.

Le patriarche du rabbinat français en se rendant l'organe de ses collègues de la conférence et en citant avec la plus grande impartialité les *adversaires* aussi bien que les *apologistes* des pioutim, prouve avec une évidence mathématique que « ces « derniers se sont bornés à en reconnaître l'usage *permis* (רשות); « ils semblent les *souffrir* et les *tolérer* plutôt que de les recom- « mander d'une manière positive, » et après avoir signalé toutes les perturbations, tous les inconvénients auxquels ces morceaux hétéroclites donnent lieu aux dépens du recueillement, de la vraie ferveur et de la dignité du culte, il conclut que « ces composi- « tions qui marquent, d'une manière si frappante, le cachet du « temps qui les a vues naître, sans qu'à aucune époque leur « introduction eût été l'objet d'une prescription formelle, sans « avoir jamais obtenu le rang de prières obligatoires, sont dans « les circonstances actuelles, plus nuisibles qu'utiles. »

(*Lettre pastorale*).

Voilà la théorie coupable qui fait jeter feu et flamme aux champions de la vraie foi; voilà la doctrine aux tendances subversives qui va jeter de la confusion dans les idées et les esprits israélites; qui va faire ébranler les bases de la religion dans leurs fondements: לאהליך ישראל! à la Haye! à Varsovie! à Ancône! à Lengnau! à Jérusalem! Dégradons le rabbinat français, les incapables du Consistoire central, חוצפא אפילו כלפי שמיא מהניא! « L'effronterie prévaut même contre le Ciel. » Tout le monde se tiendra coi, et si d'aventure quelqu'un s'avise de desserrer les dents, on les lui agacera : הקהה את שניו, c'est la meilleure des logiques. Le langage des halles et du vieux *Chéder* est assez riche, et on n'y répond pas. Ecrasons l'infâme ! Ah ! que ne pouvons-nous faire usage de l'argument du Gaon de Wilna contre Maïmon ! (1)

Tout cela *c'est tours de vieille guerre*. La vérité n'en reste

(1) Nos lecteurs qui connaissent déjà Maimon, (voir page 59), nous sauront gré de reproduire ici le document curieux qui se rattache à cet événement, et que nous avons extrait du *Lien d'Israël*. (Octobre 1857, page 213.)

LETTRE DE SALOMON MAIMON A MENDELSOHN.

Wilna, 17 septembre 1775.

Mon cher Mendelsohn,

Il y a trois ans depuis que nous nous sommes vus à Berlin ; dans mon dernier entretien avec vous je me plaignis des rabbins dont les connaissances se bornent au Talmud, sans se soucier des sciences profanes ; je fus donc étonné en arrivant à L. d'entendre de différents côtés qu'il y avait un rabbin à Wilna dont le savoir devait dépasser toute imagination. On me disait que non-seulement il possédait presque par cœur, toute la littérature judaïque, mais qu'il était encore initié dans toutes les branches des connaissances mondaines et qu'il savait l'hébreu par principes, chose extrêmement rare parmi les rabbins. Connaissant le penchant pour l'excès hyperbolique qui caractérise les Israélites de ce pays, je n'attachai d'abord pas trop de poids à ces éloges du rabbin de Wilna ; mais plus tard ils me furent confirmés par les hommes les plus dignes de foi. J'étais heureux de trouver de nos jours un homme qui, semblable aux savants rabbins des temps passés, cultivât à la fois la littérature talmudique et toutes les autres sciences. Aussi, je résolus d'aller à Wilna pour faire sa connaissance personnelle. M'étant arrêté dans une ville distante de Wilna de 15 milles, je trouvai à l'auberge plusieurs rabbins polonais qui ne parlaient que du Gaon de Wilna. Dans la conversation je leur dis que le but unique de mon voyage était de faire la connaissance du Gaon. Mais ils me rirent au nez et me dirent : comment peux-tu espérer, toi, un allemand sans barbe, de mettre le pied sur le seuil de la demeure de ce saint homme ? Cette observation ne me découragea pas, et, pendant une nuit d'insomnie, je conçus le plan de me présenter chez lui sous le nom supposé d'un rabbin de Padoue, que quinze rabbins italiens avaient chargé de s'entendre avec lui, le Gaon, sur une affaire importante concernant la généralité des juifs italiens, menacés d'être chassés de l'Italie par suite de la haine religieuse, s'ils ne défendaient pas le judaïsme contre certaines accusations haineuses. Je composai donc quinze lettres écrites, toutes, dans un style et d'une écriture différente, et portant la signature des quinze rabbins italiens, qui pas moins vérité, en dépit de tous les forcenés, qui n'entrent jamais plus en colère que quand les faits sont incontestables, que la réplique est impossible, que le masque est arraché. A Dieu ne plaise que nous nous laissions entraîner par la contagion du mauvais exemple; nous respectons trop nos lecteurs et notre dignité personnelle pour nous vautrer dans la fange des injures.

---

s'adressaient à moi pour prier, en leur nom, le Gaon d'être leur défenseur. Il était dit de plus dans ces lettres qu'on m'avait choisi pour mandataire à cause de ma naissance polonaise et de ma connaissance de la langue et des mœurs polonaises, et aussi à cause de mon savoir dans la langue hébraïque dans laquelle je m'étais fait un nom par la publication de mon ouvrage sur les synonymes hébraïques. Arrivé à Wilna, je me fis annoncer près du Gaon. L'aspect de l'intérieur de sa maison, où régnaient l'ordre et la propreté, me prouva immédiatement que le Gaon n'était pas un rabbin polonais ordinaire. Il me fit attendre dans l'antichambre, après s'être informé par son domestique de l'objet de ma visite. Au lieu de répondre, je lui fis remettre mes lettres. Après une attente d'un quart d'heure, la porte s'ouvrit et devant moi se présenta la figure vénérable et imposante du Gaon, qui était couvert du talith et des thephilines, et tenant mes lettres entre ses mains. Sans me permettre d'entrer, et sans m'honorer d'un regard, il me demanda en hébreu sur quelles questions on désirait l'interroger. Je lui en exposai d'abord une et attendis sa réponse. Il réfléchit pendant quelques instants et, puis, il me dit de continuer; je fis alors questions sur questions, jusqu'à ce qu'elles fussent toutes épuisées. Presque sans réfléchir, il me répliqua: Tes questions sont au nombre de 73 et peuvent être réduites à 15. Après avoir ainsi coordonné le rang et le nombre de mes demandes, il y répondit de la manière la plus claire et la plus logique. Quand il eut achevé, je lui dis: et si nos adversaires faisaient telle ou telle objection? Tu ne m'as pas bien compris, répondit-il, et reprit presque mot pour mot son exposition, n'ajoutant de temps à autre que quelques explications nouvelles pour réfuter mes observations. Je fus déjà sur le point de m'éloigner, quand il me dit: Puisque tu as écrit un ouvrage sur les synonymes fais-moi donc connaître les six mots bibliques par lesquels est exprimée l'idée de *joie*. Après avoir satisfait à sa demande aussi bien que je pus, il me fit observer que j'avais oublié le mot ריצה, à quoi je lui répondis que ce mot n'était pas biblique. Il me cita alors le verset ולפניו תדוץ דאבה dans le livre de Job chap. 41, 14, où Raschi donne à תדוץ la signification de *joie*. Lui ayant répondu que Raschi n'a pas été un critique rationaliste, je pus remarquer aussitôt sur ses traits une impression pénible, et il n'hésita pas à me dire que dans le Midrasch le mot ריצה est compté parmi ceux qui expriment la joie. N'est-il pas reconnu, lui répondis-je, que les auteurs des Midraschim n'étaient pas non plus des interprètes rationalistes? A ces mots il me quitta, et moi, je retournai dans mon logis. A peine arrivé chez moi, je fus invité par deux bedeaux à comparaître

Des impertinences ne sont pas des raisons (1), et tant qu'on n'emploiera pas d'autres armes contre nous, on pourra tranquillement jouir de ses monologues. Revenons donc à notre sujet.

Pendant que, dans le silence du cabinet, nous nous livrions à l'étude consciencieuse de notre question poétanique, nous eûmes une agréable surprise : l'Institut allemand pour le patronnage de la littérature israélite vint nous adresser, pour une souscription de deux pauvres thalers, sept beaux et bons volumes parmi lesquels un opuscule qui en dit plus qu'il n'est gros et qui vaut son poids d'or. L'auteur de cet écrit n'est autre que M. le docteur A. A. Wolff, prédicateur et grand-rabbin du royaume de Danemarck, chevalier de l'ordre royal de Danebrog. Sous le titre עתרת שלום ואמת, il passe en revue, dans un ordre chronologique, tout ce qui a été dit pour et contre nos rapsodes, depuis leur apparition au moyen-âge jusqu'à Guttenberg, dont l'invention est venue spontanément en arrêter le débordement.

Pour suppléer à notre insuffisance, que nous reconnaissons

---

devant le Beth-din et les Parnassim. Je me trouvai bientôt devant sept vieillards revêtus du talith et des thephiline. Le doyen me demanda : Es-tu l'homme qui, aujourd'hui, t'es exprimé en termes peu respectueux sur les Midraschim, en présence du Gaon? Nullement, répondis-je, j'ai voulu dire seulement que leurs interprétations n'étaient pas conformes au sens simple. On me fit sortir de la salle d'audience. Une demi-heure après, j'y fus introduit de nouveau. Le président fit lecture d'un jugement qui me condamnait à recevoir quarante coups de bâton מלקות pour avoir blasphémé nos sages.

Le jugement fut immédiatement exécuté par deux agents. On me conduisit dans le vestibule de la synagogue où je fus attaché au mur, et l'on me mit au cou un écriteau qui portait : Cet homme a été condamné au מלקות (flagellation) pour cause de blasphème. Tout le monde s'arrêta devant moi; on me qualifia du nom de Posché Israël; on me cracha dans la figure; j'étais véritablement exposé au pilori, vu qu'à Wilna on ne fait pas comme à Berlin, car tout le monde fréquente l'office du soir. Après l'office je fus délivré de mes liens et chassé de la ville.

Malgré ce déshonneur qui me fut infligé par le Gaon, je suis forcé de dire que, même parmi des non-israélites, il est difficile de trouver un homme plus savant et plus vénérable.

S. Maïmon.

« (1) כי היא חכמתם ובינתם לעיני עמי הארץ nous écrit à ce « sujet un grand-rabbin éminent. Là, ils ont raison, toujours raison, « et ils ne l'ignorent pas. On peut pardonner l'ignorance, mais l'abus « de l'ignorance est sans excuse. »

mieux que personne, nous allons donner un résumé très-écourté du travail du savant rabbin danois, qui vient à l'appui de plusieurs idées que nous avons émises et qui coïncide parfaitement avec l'onctueuse lettre pastorale du vénérable chef du rabbinat français.

1096-1170. Le premier que l'auteur fait entrer en lice, c'est le sage de Tolède : Ibn-Esra, dans son langage sarcastique, lance aux poétanim cette boutade : que ne dites-vous à Dieu : Sois béni, *lion,* car la Sainte-Ecriture compare Dieu à un *lion rugissant.* Outre ce que nous avons rapporté de ses commentaires sur Koheleth (p. 49), le célèbre hébraïsant renouvelle ses doléances à l'endroit de cette poésie hétéroclite, dans le *Sephat ieter, Sapha berourah, Jessod Moré,* etc. Mais déjà cent ans avant lui Juda Chaioug avait exhalé les mêmes plaintes dans son *Sépher Othioth.*

1135-1204. Maïmonides (Rambam) père des décisionnaires (Poskim). « Jamais prière obligatoire ne peut être interrompue « par des morceaux accessoires. — Toute interpolation est un « abus intolérable qu'il faut réprimer soit dans les synagogues, « soit dans le culte domestique. — Les compositions des Gheonim ne font pas exception, et c'est à tort que les rabbins ont « violé ce principe en introduisant, dans les offices des sabbats « et des fêtes, des pioutim de Saadia, croyant honorer par là sa « mémoire. » (Péer Haddor, *Décisions,* 64, 129, 130).

Voici comment s'exprime le même auteur, dans son *Moré Nebouchim* (*Guide des égarés,* livre I, chap. 59).

« Dans leurs accès de folie les poétanim, pour entrer en intimité avec le Créateur, se sont avisés de composer de longues « prières qui regorgent d'exaltations, d'adulations, donnant à « Dieu des qualités qui, appliquées à l'être humain, laisseraient « supposer des défauts dont il se serait corrigé. O, les fous! ne « saisissant pas l'idée sublime et grandiose inconnue aux esprits « vulgaires, ils ont fait de Dieu le sujet du battement de leurs « lèvres en lui attribuant toutes les épithètes imaginables, croyant « que, fléchi par tant de louanges, il se trouvera incité à les « exaucer. Je ne prétends pas accuser ceux qui récitent les « *pioutim* d'une malice intentionnelle, mais je soutiens que c'est « un blasphème de l'ignorance, une profanation de la majesté « divine, autant de la part de ceux qui écoutent ces rapsodies « que des imbéciles qui les profèrent. Mais celui-là est coupable

« qui, tout en sentant les imperfections de ces compositions, se « laisse pourtant entraîner à faire chorus avec la masse. Il ap- « partient à ceux dont il est dit dans l'Ecriture : *Ils se cachent « devant l'Eternel en paroles mensongères.* » (2 Rois, xvii, 9). Comparez מעדני י"ט, p. 16, § 6, sur אין עומדין.

1085. Jehuda Hallévi, le prince des poètes hébreux, applique lui-même (Kusari ii, 72) aux nouveaux poètes juifs, le passage du psaume cvi, 35, *se mêlant aux idolâtres, ils en adoptèrent les mœurs*. Au témoignage de son disciple Rabbi Salomon Parchon (préface d'Aruch, Presbourg, 1844), Jehuda Hallévi, a déploré ses nombreuses compositions poétaniques, et a fait vœu, sur son lit de mort, de ne plus faire un seul *piout* si Dieu lui accorde la vie. C'eût été une perte immense, car rien de plus suave que le lyrisme de ce charmant poète. Mais, s'écrie Moskato : combien le pain doit-il être mauvais, si le boulanger lui-même le déclare tel ! La comparaison est plus vraie que noble. La supériorité de l'auteur du Kousari est tellement reconnue, que les autorités synagogales lui ont fait l'application du verset xix, ch. 12, du Deutéronome : *Garde-toi bien d'abandonner le* Lévy *pendant tout le temps que tu vivras sur la terre.*

1130. Salomon Parchon, (un des plus beaux fleurons de la couronne de l'hébraïsme de son époque si féconde en exégètes,) d'après ce que nous venons d'en dire, n'était rien moins qu'enthousiaste de nos poétanim. Il s'élève avec force contre leurs métaphores qui corporifient la Divinité, lui prêtent les passions et les faiblesses de notre espèce ; ce qui est une idolâtrie au premier chef. (Voir racine נגש).

« Tu trouveras de ces hommes, ajoute-t-il ailleurs, qui pro- « longent leur prière en public, et l'abrègent en leur particulier, « c'est une abomination (תועבה) ; c'est le contraire qu'il faut « faire : abréger en public משום טורח ציבור, pour ne pas fati- « guer l'assemblée, et prolonger chez soi où le recueillement est « possible. » (Voir racine תעב).

1136. Serachia Hallévy. « Sache que tous nos poétanim se « sont indistinctement fourvoyés en ne comptant que quatre sorts « גרלות dans la Abodah du Kippour, contrairement à la Mischna « qui en énumère cinq, et qu'ils n'ont pas comprise. » (Sépher Hammaor, sur Alphasi de Joma, ch. i.)

1190. David Kimchi. (Voir p. 49.)

1340. David Aboudraham. Voici ce qu'il rapporte au sujet des pioutim, page 27 de son ouvrage sur les prières et cérémonies synagogales.

« Rabbin Méir Abouélafia (הרמ״ה), consulté sur la légalité « des interpolations poétaniques, répondit : Certainement non, « elles ne sont pas permises. Nos docteurs misnaïques ne nous « disent-ils pas que les prières courtes ne peuvent être rallongées « ni les longues écourtées ? Ne s'acquitte pas du devoir de la « prière quiconque se permet d'en altérer le type primitif par « additions ou par retranchements. Si moi-même je suis malheu- « reusement témoin de cet abus, je n'en suis pas complice, et « ce serait à tort qu'on attribuerait ma présence à une adhésion. « Plus je désapprouve les pioutim, moins je me sens de force « de les supprimer. Ne vaut-il pas mieux, pour ceux qui se « refusent à la lumière, de pécher par ignorance que par « désobéissance ? »

Là-dessus Aboudraham s'écrie : « Puissent ceux qui ont le « pouvoir en mains abroger ces verbiages de toutes fabriques, « ces discours creux qui interrompent la sainteté de nos prières « instituées par les pères de la synagogue primitive ! »

1340. Menachem-ben-Sérach, échappé providentiellement du martyre comme le roi Joas, s'exprime ainsi, dans son ouvrage intitulé *Zéda laddérech*, page 41 :

« C'est à grand tort qu'on se permet d'invoquer témérairement « le Tout-Puissant dans des formules arbitraires de nos *Mecha-* « *brim* et *Meschorerim* (auteurs et chanteurs), gens effrénés, sans « discernement dans le choix de leurs expressions, et dont les « écarts sont déjà si sévèrement blâmés par Maïmonides. N'est- « il donc pas loisible à chacun, après les prières consacrées par « les hommes du grand concile אנשי כנה״ג, de s'édifier sur nos « psaumes rédigés par dix prophètes et autres, plutôt que de « s'occuper de compositions postérieures ? »

1374. Isaac-bar-Scheischet (ריב״ש). Sur le sujet qui nous occupe, nous lisons, n° 75 de son ouvrage, la réponse suivante : « Rabenou Nissim n'a jamais dit les *pioutim* en commun. La « défense de les réciter dans les offices publics est de celles qu'on « foule aux pieds malgré les décisions contraires. La génération

« présente (1374) n'est pas encore assez mûre pour se laisser
« redresser sur ce point. »

1412. Joseph Albo, dans ses Ikkarim (section IV, ch. 23), appuie énergiquement l'opinion d'Ibn-Esra qu'il renforce de nouvelles considérations.

1560. Samuel di Medina רשב"ם. La communauté allemande de Saloniki lui ayant demandé si elle pouvait abandonner sa liturgie traditionnelle en faveur du rituel espagnol, reçut en réponse : « La seule différence, c'est que votre liturgie est mauvaise et « celle des Espagnols est bonne. Si ces derniers dédaignent vos « compositions poétaniques, c'est qu'elles sont d'un mauvais « style et incompréhensibles. Les poésies d'un Jehuda Hallévy, « d'un Gabirol, d'un Ibn-Esra sont d'une supériorité incompa- « rable, intelligibles à quiconque sait l'hébreu. Chez les Allemands, « l'officiant lui-même ne comprend rien à ce qu'il dit. On peut « leur appliquer cette admonition du prophète : *Qui vous « demande de venir souiller mes parvis?* » (Questions et réponses de Raschbam, sur Tour Orach Chajim, ch. 34).

1570. Moses-Minz מהר"ם מינץ. Réponses, liv. I, n° 87, page 131. « Quant aux pioutim, il serait difficile de contrarier « la communauté, mais béni soit le particulier qui ne les dit « pas. »

1575. Joseph Karo בית יוסף, sur Orach Haïm, 68. « L'in- « tercalation des pioutim dans les bénédictions est illicite. »

1600. David-ben-Simra רדב"ז, liv. III, n° 645, énonçant son opinion sur les complaintes sabbatiques (זולת), s'écrie : « Heureux qui parviendra à les abolir ! Quoi, nos maîtres nous « ont défendu de troubler le délice sabbatique par des pleurs, et « vous venez exciter nos larmes par le souvenir déchirant de nos « calamités ? Les auteurs de ces élucubrations, comme le dit déjà « Maïmonides en parlant de Gabirol, étaient moins théologiens « que poètes. Ce qui est certain, c'est que l'usage abusif ne fait « jamais loi. Déjà Yom-Tob-ben-Abraham a démontré que si la « coutume est illégale, son ancienneté ne mérite aucune « considération. »

1620. Menachem Asarias de Fano dit, dans ses *Dix Mémoires* (עשרה מאמרות), liv. I. n° 31, page 22 : « Une prière en langue « vulgaire, faite avec sincérité et contrition, l'emporte de beau-

« coup sur la prière hébraïque dénuée de ferveur. » R. Lœb-Simon de Mayence (1698) dans sa יד יהודה, commentaire sur le précédent ouvrage, ajoute : « Cette assertion est surtout appli-« cable aux pioutim, dont le sens est tellement énigmatique que « les savants mêmes ont besoin de s'abîmer dans leur étude « avant d'y découvrir une signification tout au plus conjecturale, « comme l'a déjà prouvé Ibn-Esra d'une manière claire et nette. »

1620. Samuel-Aboab consigne dans son דבר שמואל sa réponse à un requérant ainsi conçue : « J'accorde ma franche et « complète adhésion à la suppression des prières du *Tal* et du « *Gheschem*. Ce qui m'afflige le plus c'est de n'avoir pu parvenir « encore à l'abolition de ce *Minhag* dans ma propre communauté. »

1620. Ephraïm Lentschitz. « Malheur, s'écrie-t-il dans ses « עמודי ש״ש, deux fois malheur de cette exubérance de pioutim « qui se sont glissés dans nos offices et qui ne rappellent que des « midraschim de toutes sortes, inconnus au vulgaire qui les « balbutie sans y entendre mot. Même en les conservant en fa-« veur des érudits, c'est encore archi-mal d'interpoler, dans la « liturgie consacrée, des narrations des temps anciens qui n'ont « aucun caractère de la prière proprement dite. »

1690. Yaïr Bacharach חוות יאיר, page 238 : « C'est une vio-« lation formelle de nos préceptes que d'entremêler dans nos « formules consacrées cette multiplicité de *pioutim*, fruits de « l'imagination des derniers poètes non inspirés de l'esprit divin. « Même nos *pioutim* les plus anciens n'ont été rédigés que pour « l'officiant seul, jamais pour les communautés, encore moins « pour prendre rang au milieu de la liturgie. Considérez : « 1° qu'avant l'invention de l'imprimerie, il était impossible qu'un « recueil aussi volumineux se trouvât entre les mains de tout le « monde ; 2° que la plus crasse ignorance régnait dans la classe « populaire, tellement qu'au témoignage du Talmud (Rosch « Haschana), le peuple ne connaissait même pas les prières ordi-« naires des deux fêtes les plus importantes : celles du *Rosch* « *Haschana* et du *Kippour*. Ce qui donne du renfort à mon « opinion, c'est que l'officiant n'entonnait jamais les pioutim « qu'en sollicitant au préalable la permission des sages et intelli-« gents de l'assemblée. A-t-on besoin de l'autorisation de faire ce « qui est prescrit, que ne le fait-on pour les prières obligatoires ? « A l'antagonisme d'Ibn-Esra, de Jacob Baal-Hattourim et

« d'autres contre les compositions du Kallir, j'ajouterai de nou« velles considérations qui pourront ne pas être superflues :
« 1° Beaucoup de ces pioutim sont étrangers, même par allu« sion, à l'évènement historique de nos anniversaires, tandis « qu'on y disserte démesurément sur des cérémonies légales « abrogées depuis la ruine du temple, comme, par exemple, les « prescriptions relatives à l'agneau pascal, dans l'office de la « première nuit de Pâques ; l'offrande des prémices, dans celui « de la seconde soirée de Pentecôte ; la deuxième dîme, dans le « piout de la seconde nuit de *Soukkôth*. Tout cela n'est que de « l'archéologie misnaïque introduite arbitrairement au milieu de « la prière ;
« 2° Les pioutim de cette sorte n'ont aucune cohérence ni « entre eux, ni avec ce qui précède, ni avec ce qui suit ;
« 3° Ils ne répondent à aucun besoin du cœur qu'exige la « prière. Dût-on fermer les yeux sur leur médiocrité poétique, « ils ne présentent, après tout, qu'un mélange confus de prières « et d'études dénuées de tout sens et de toute signification. Je « le demande, peut-on, pour de pareilles choses, interrompre et « scinder les bénédictions du *Schema* ? »

1706. Hiskiah-ben-Silva (פרי חדש). Dans ses annotations sur *Orach-Haim*, ch. 112, qui proscrit les *pioutim*, notre *posseck* ajoute : « Aujourd'hui, par l'effet de nos grands péchés, on perd « le temps par nos offices poétaniques pendant lesquels chacun « jase à qui mieux mieux. Voudrions-nous être plus pieux que « les sages du Talmud et ne pas profiter de leurs leçons ? On « laisse s'écouler le temps de l'oraison et de la lecture du *Schema*, « et pour dire quoi ? des *pioutim* ! C'est ainsi qu'un péché en « entraîne toujours un autre. Kallir a écrit selon l'esprit de son « siècle et de ses pareils, et pas du tout pour la postérité. Eh ! « que peuvent faire les hommes plus ou moins considérés d'une « époque où l'on ne veut même pas prêter l'oreille à la voix de « la raison ? Je le dis à qui veut l'entendre : moins vous direz de « *pioutim*, plus vous mériterez que Dieu vous prolonge vos jours. « Assez comme cela ! »

1750. Jacob Emden (יעב״ץ). Dans son rituel, עמודי שמים, pages 60 et 368. Cet auteur, déplorant la confusion des Minhaghim authentiques avec les abusifs, insiste notamment sur la nécessité de purger nos prières de ces scories tardives qui les entachent. « Ah! s'écrie-t-il, ne sont-ce pas les *pioutim* qui « nous bétifient aux yeux du monde, nous attirent son mépris et « ses railleries? Si nos prières ne sont pas exaucées, qu'y a-t-il « d'étonnant? puisque les anges même ne sauraient rien com- « prendre à cette confusion babylonienne des langues les plus « disparates, jargon qui nous fait passer pour la nation la plus « grossière et la plus inculte, tandis que l'héritage de la langue « sainte, par laquelle Dieu s'est révélé à l'humanité, devrait faire « notre gloire. J'espère que ce seul avertissement suffira aux « sages. »

Page 64. « Il n'y a pas, dans le domaine poétique de champ, « si florissant qu'il soit, que les Askenasim ne l'aient ravagé par « leurs rimailleries. Leur intention pouvait être bonne, mais ce « qui convenait aux nécessités du passé n'est plus du tout en « harmonie avec le présent. Non, Dieu ne saurait se complaire « à ces ruptures dans l'unité de la prière. Malheur à ceux qui « prennent sur eux la responsabilité d'un acte si répréhensible. »

Parlant de אקדמות, Emden dit que l'auteur de ce poëme aurait brisé sa plume s'il se fût jamais douté qu'on interromprait en sa faveur la lecture de la Thora.

Page 157, notre auteur déclare s'associer en tout aux opinions de חוות יאיר. (Voir plus haut, page 150).

Page 177. Défendant שיר היחוד contre les attaques de Lœb, rabbin de Prague, il fait considérer : 1° que ce rabbin fait ressortir les défauts de ce poëme sans tenir compte de ses qualités ; 2° qu'au moins cette composition a le mérite de ne pas interrompre les offices obligatoires. Revenant sur les pioutim, il ajoute : « Nos Poskim les plus anciens et les plus considérés les « ont repoussés des deux mains : 1° parce qu'ils altèrent le type « originel fixé par les membres de la grande congrégation אכ"הג ; « 2° en ce que le jargon insaisissable dans lequel ils sont écrits « n'a rien de commun avec la langue si pure de nos saintes « écritures. »

Partout Emden s'exprime avec la même véhémence contre les *pioutim*. (Voir pages 50, 77, 78, 84 de son ouvrage précité).

Cependant nos partisans des pioutim ont invoqué en leur faveur le suffrage d'Emden. Pourquoi? Parce qu'il leur dit : « Je ne « veux pas plus vous imposer silence pour les *pioutim* que pour

« *Schir Haïchoud,* mais *après les offices seulement.* Cependant « le mieux est de les abolir complètement לבטלם לגמרי. » Et voilà comme on sait défigurer l'opinion d'un homme de poids !

1750. Elie Wilna, surnommé le Gaon, s'exprime ainsi dans son *Maassé-Rab,* § 127, 133, etc. : « Point de pioutim, point « de selichoth dans le corps des offices. Si l'on veut les tolérer « aux trois grandes fêtes, qu'on les relègue du moins à l'issue de « la cérémonie. Ceux des soirées, de quelque fête que ce soit, « מעריבית, doivent disparaître totalement, de même que le « *Keroboth* de *Pourim* qu'il est interdit de réciter même après « l'office. Enchâsser des pioutim dans la *Kedouscha* du nouvel « an et du *Kippour,* c'est une profanation capitale. Toutes les « formules consignées dans les Machsorim : versets, *Jehi razon,* « etc., pour être dites avant ou après l'intonation du *Schophar,* « la prière du *Taschlich,* etc., doivent être toutes entièrement « balayées. »

Dès que le livre du Grand-Gaon eut pénétré dans la Terre-Sainte, fait observer le grand-rabbin du Danemark, les *Askenasim* s'empressèrent tous à réformer leurs pioutim ; c'est ce dont pouvaient se dispenser les synagogues portugaises qui ne les avaient plus admis depuis longtemps. La même réforme s'est heureusement opérée dans toute la Pologne et la Russie, comme nous le voyons page 9, des דרכי ההוראה de feu Hirsch Chaïuth, grand rabbin de Kalisch, et cela sans opposition aucune. C'est qu'on n'avait affaire ni à la théologie opiniâtre par poltronnerie, ni à la sotte suffisance des nullités qui veulent faire la loi. Nous ne savons laquelle des deux est la plus digne de pitié.

Quant à l'opinion qui a prévalu en Allemagne, (*Gott sey bey uns !*) le savant grand-rabbin Lœw de Szegedin, auteur du *Maphtéach,* rédacteur du *Ben-Chanania,* etc., est tout étonné de voir mettre en question chez nous, dans la seconde moitié du dix-neuvième siècle, un fait accompli il y a trente ou quarante ans chez nos frères d'outre-Rhin. (Voir son article en tête des *Archives israélites* de juillet 1857).

M. le docteur Wolff ne veut pas faire flèche de tout bois. Aussi, loin d'avoir épuisé la série des antagonistes des pioutim, il en omet le plus grand nombre. C'est qu'il cherche à ne s'appuyer que sur les rabbins qui ont toujours été considérés comme les colonnes de la foi : à ne s'éclairer qu'au flambeau de ces savants qui, de tout temps, ont passé pour les lumières d'Israël : à ne s'attacher qu'à cette pléiade de docteurs d'une compétence littéraire et théologique incontestable. Voilà pourquoi il passe, pour ainsi dire, à vol d'oiseau sur beaucoup d'auteurs, tant anciens que modernes, dont personne ne déclinera le haut mérite, mais qui ne sont pas reconnus comme autorités par la synagogue universelle. Tels sont : Alcharisi, Isaac Arama, בעל עקדה, Bechaï, חובת הלבבות, Juda Chaïug, ס' אותיות המ', Hananel, *Tosaphite*, Menachem Fano, Joseph Kandia, נובלות חכמה, Konitz d'Ofen, Jom-Tob Heller, Léon de Modene, Margalioth, Schem-Tob Palquéra, המבקש, page 27, Recanti de Vérone, Ibn Tibon, Isaac Satanow, Chorin, rabbin d'Arad, Salomon Jacob Cohen, סדר העבודה, Joseph Abraham Friedlaender, rabbin de Westphalie, Kalkera, Lœvenstamm, צרור החיים, p. 39, etc., etc.

XXIII.

LOGIQUE DES PARTISANS DES PIOUTIM.

Symbolisme de l'Impartialité. — Les Pioutim condamnés par la majorité numérique et scientifique des temps anciens et modernes. — Ce qui s'appelle *haute antiquité*. — Métamorphose de trois siècles de ténèbres en dix siècles de lumières. — Envahissement poétanique de l'institution du grand-Synode. — Le génie de Guttenberg l'emporte sur l'épée de la tyrannie. — Argumentation des apologistes poétaniques. — En cas de doute l'abstention est de droit. — Origine chrétienne des Pioutim. — Prières des catholiques maronites. — Le service du *Kippour* de Saint-Pierre. — La *Selicha* de l'évêque André. — Blasphème par ignorance. — Violence faite aux poétanim pour leur grande entrée dans la liturgie. — Remplacement de l'incompris par le compris. — Pourquoi certains rabbins tremblent devant leur ombre. — L'animal qui n'a pas l'intelligence de son cri. — En quoi le bœuf l'emporte sur l'homme. — Le formaliste au tribunal de la pénitence. — Tout n'est pas dit.

Après avoir déroulé ainsi une partie de la liste des antagonistes des pioutim, en indiquant la page de chacune de ses citations, notre auteur eût été d'une insigne mauvaise foi en passant outre sur le mérite, la valeur et la compétence de leurs apologistes. Ne considérer une question que sous une seule face, enfler outre-mesure les avantages d'une cause, et passer sous silence le système qui lui est opposé, c'est d'une perfidie révoltante au moyen de laquelle on peut condamner Socrate à boire la ciguë, Louis XVI à monter sur l'échafaud (1).

Il est de fait qu'en invoquant le principe אחרי רבים להטת, la majorité est du côté des anti-poétanim. Mais ce n'est pas là ce

(1) Les anciens représentaient la *Partialité* sous les traits d'une femme dont l'œil droit est couvert par un bandeau, le gauche, ouvert au large; la main, lourdement appuyée sur une balance, en ôte l'équilibre, pendant que l'autre main cache un flambeau qui pourrait éclairer.

Ce symbole parle aux yeux avec plus d'éloquence que ne pourraient le faire pour les oreilles tous les sermons du monde.

qui nous séduit ; il faut peser les voix et non pas les compter. De tout temps, il y eut des hommes qui valaient plus que leur siècle, שקול משה כנגד כל ישראל. Un seul Moïse contrebalance la généralité d'Israël. Des milliards de voix, des millions de miracles, des centaines de siècles crieraient que la terre est immobile, que Galilée répondrait : « *Et pourtant elle marche !* » De même qu'au premier siècle Rabbi Josua s'était d'abord opposé à l'opinion de Rabbi Eliézer en s'écriant : « Des miracles ne sont « pas des preuves ; nous décidons d'après nos lumières et non « d'après la fille de la voix ! (Baba Metsia, 59). »

Or, qu'a-t-on fait pour se créer une majorité en faveur des pioutim ? On a cité la liste fort incomplète des poétanim dont les noms ont été recueillis par Heidenheim, au nombre de quatre-vingt-un (ils sont à plus de cinq cents). Mais qu'est-ce que cela prouve, si ce n'est que depuis le maître de Kallir, et pendant trois cents ans, du douzième au quinzième siècle, selon le même Heidenheim (1). vers cette période ténébreuse qualifiée par Ben-Zew de שלש מאות שנות האפילה, des hommes plus ou moins éminents se sont exercés à la poésie plus ou moins hébraïque. En bonne logique, les suffrages de ceux-là en faveur de leurs pioutim seraient plus que suspects. Mais n'est-ce pas faire offense à l'humilité et à la piété de ces hommes, que de les faire poser en rivaux des membres du grand synode, א"כה"ג ? de leur faire revendiquer le droit de partager, diviser, couper l'œuvre unitaire que les traditionnaires font remonter à l'époque d'Esdras ?

Voyez les nombreuses contestations qui se sont élevées sur l'intercalation des onze mots de זכרנו לחיים, petite prière plus ancienne que tous les pioutim. Ce n'est qu'à grands renforts de discussions entre les plus célèbres casuistes qu'on a fini par concéder cette violation de la règle, d'abord pour trois jours, ensuite pour dix. (Voir le ר"ן, Rabenou Nissim.) Et vous croyez sérieusement que nos poètes ascétiques, plus modernes, n'ont entassé ces monceaux de pioutim que pour scinder le travail

---

(1) Nous sommes au douzième siècle, et sans craindre de faire tort à ses connaissances historiques, on appelle cela *la haute antiquité*. Nous avons trois siècles poétaniques, on donne *plus de dix siècles* à cette phase poétique. Puis on viendra nous reprocher notre ignorance, notre partialité, notre mauvaise foi !

du grand synode, et détruire, par la fatigue, la ferveur des fidèles ?

Oui, nous vous concédons que tous nos poétanim askenasites étaient des hommes de génie, saints et savants par excellence ; cela veut-il dire que ni avant, ni après eux, on ne saurait leur trouver de rivaux ? Et d'où vient que cette *religion poétanique* qu'on fait remonter à des *temps immémoriaux*, a commencé spontanément quatre cents ans après Charlemagne pour finir spontanément avec l'invention de Guttenberg ? Pourquoi pas avant, pourquoi pas après ? Dieu a-t-il posé aux flots des lumières qui jaillissaient d'Israël pendant ces trois siècles, comme aux vagues de l'Océan, des limites qu'ils ne doivent plus franchir ? Pour connaître ce bel âge, consultez l'*Introduction* de Ben Zew, à ses *Racines hébraïques,* אוצר השרשים, quatrième et cinquième période.

Si Raschi, si les Tosephoth justifient d'aventure certaines traditions par des citations poétaniques, cela prouve que ces morceaux leur étaient déjà connus, ce que personne ne conteste ; mais cela implique-t-il forcément une supériorité de talent ou l'obligation d'élever ces poètes au-dessus du psalmiste dont les sublimes compositions n'interrompent jamais les prières obligatoires ? S'il arrive à Condillac de citer Vaugelas, dirons-nous que ce dernier est meilleur idéologue que le premier ? Sans doute les Tosephoth citent jusqu'à vingt-neuf pioutim, mais le plus souvent pour en relever les fautes, signaler les erreurs de la majeure partie, et l'on voudrait en faire les apologistes ! (Voyez *Tosephoth Nidda,* 30^{a} ; *Baba Batra,* 145 ; *Pesouchim,* 114^{a} ; id., 115^{a} ; id., 117^{b}, etc.)

Saadia, le plus ancien des poétanim du rite espagnol, trouve que les pensées de contrition ne peuvent que contribuer à l'amélioration morale de l'homme. Et le voilà approbateur de nos *pioutim* dont il ne connaissait pas un seul !

Mais Saadia ne parle que de prières additionnelles, facultatives. Déjà, avant lui, le Talmud a admis en principe qu'*après la prière,* אבל אחר תפלתו אפילו כסדר וידוי של יה״כ אומר (*Berachoth,* fol. 31^{a}), *chacun est libre en son particulier de réciter même la confession du jour expiatoire.* Il ne dit pas *d'intercaler.* Mais pour ceux qui grognent des prières sans y rien entendre, Saadia leur applique le verset 36 du psaume

LXXVIII. ויפתוהו בפיהם ובלשונם יכזבו לו. *En sollicitant Dieu par leur bouche, ils lui mentent par leur langue.*

Bechaï aussi a composé en hébreu classique des actes de contrition qui portent à la componction ; mais, loin de les donner comme prières synagogales, il déclare lui-même, dans ses *Devoirs des cœurs,* ne voir dans les *pioutim* que la vanité de leurs auteurs, qui ont en vue les suffrages humains plutôt que les intérêts de la religion.

Rabbi Jacob Tam paraît être le premier apologiste de Kallir. Malheureusement, il est parti de cette erreur chronologique, qui considère ce poète comme un des plus anciens tanaïm. Cette fausse opinion s'étant accréditée, des casuistes postérieurs l'ont acceptée sans examen, et, fussent-ils au nombre de mille, toujours ne sont-ils que les échos d'une seule et même voix.

Cependant Rabenou Tam n'est pas allé aussi loin que ses successeurs, car, après avoir déclaré l'intercalation des pioutim comme chose *permise,* להאריך, il ajoute : אמנם על הקרוב״ץ שבג׳ ראשונים לא שפיר עבדי. « mais on n'a pas bien fait d'en agir de même pour les trois premières bénédictions. »

Si Rabenou Tam avait connu le Kallir, comme le connaissent Heidenheim, Rappoport, Luzzato et le bon sens, il ne se serait certes pas avisé de contredire l'opinion de tant d'illustres controversistes. (Voyez ב״ה יוסף, fin de l'article 112.)

Il n'y a pas d'excentricité qui ne puisse se justifier, comme il n'y a pas de mauvaise cause qui ne trouve son avocat. Consultez les דברי הברית, la תורת הקנאות et *tutti quanti,* et vous conclurez que si les pioutim ne devaient pas être dits, leurs auteurs ne les auraient pas faits ; qu'on ne peut y changer un iota, pas même les airs traditionnels ; qu'il n'est permis ni de critiquer, ni d'en abolir aucun ; que leur apparente extravagance n'en fait que cacher le sublime et le mystérieux ; que tout usage même contraire à la *halacha* (prescription légale), déracine celle-ci ; que ni logique, ni raison n'ont rien à y voir ; que le prophète Elie lui-même ne saurait rien y faire ; qu'il nous est même défendu de prononcer l'hébreu à la manière orientale, d'après les principes d'une saine grammaire, mais qu'il faut conserver dans chaque localité la prononciation traditionnelle qui lui est propre ; qu'il ne nous appartient pas de faire la leçon à nos grands maitres, à nous, indignes d'être les élèves de leurs élèves ; que si nous leur trouvons des fautes, il faut nous en prendre à notre ignorance; que si certains savants prétendent que la longueur des offices porte à la distraction et aux conversations profanes, d'autres, plus instruits, soutiennent que les pioutim sont le plus puissant moyen de recueillement et d'édification; que, si la plèbe ne comprend rien à ce qu'elle dit, du moins, en priant, elle sait qu'elle prie, et les interprètes célestes, qui comprennent l'hébreu, savent déjà distinguer la différence entre איזהו מקומן, et la קדושה, במה מדליקין et le שמע, chaque mot, chaque syllabe a sa haute signification. *Laissez faire les Israélites, s'ils ne sont pas prophètes ils sont descendants de prophètes.*

Isserlès, voilà le fanal qui nous dirige : nous avons pour devise, יבני ישראל יוצאים ביד רמ״א. Ainsi le dit Isserlès, ainsi le veut Karo, ainsi le veut Dieu lui-même. (Voyez *Schulchan Arouch*, סי׳ ס״ה).

Si ce sont là nos infaillibilités, comment, à toutes les époques, les sommités synagogales, ainsi que le prouve M. Wolff l'histoire en mains, ont-elles pu s'aviser de prôner un système diamétralement opposé? Vous invoquez la force du *Minhag*, mais ce *Minhag* lui-même, lors de son introduction, a été une innovation, une modification à un *Minhag antérieur*, et comment ce *Minhag antérieur* a-t-il pu être changé ou aboli? Vous invoquez Isserlès; mais beaucoup de ces autorités synagogales que nous avons citées, tels que J. Emden, Elie Wilna, etc., sont postérieures à ce casuiste, elles ont dû le connaître comme vous, c'est à celles-là que vous voulez vous attaquer? D'ailleurs Isserlès lui-même *permet, tolère, et n'ordonne pas*. Voici la traduction de ses propres expressions: « Il est inutile de dire qu'on ne puisse « s'occuper de l'étude de la loi pendant la récitation du *Kroubetz*. « Néanmoins il serait à craindre que le vulgaire, prenant exemple « sur l'homme instruit, ne se livrât à des conversations mon- « daines. » (Voir page 84).

Dans le cas de doute entre deux prescriptions inconciliables, l'abstention était toujours de principe. שב ואל תעשה s'applique à un grand nombre de lois mosaïques. Dans les discussions légales, l'allégement l'emportait sur l'appesantissement, כחו דהתירו עדיף. Quand un rabbin devait s'opposer à un abus sans le faire, il en supportait la responsabilité et les conséquences: כל מי שיש בידו למחות ואינו מוחה הוא נקרא על שמו.

Or, les antagonistes des piout im les *interdisent* par une *défense formelle,* אסור לאמרם; leurs partisans, autres que les correspondants des conciliabules de Hambourg et de Paris, ne soutiennent nulle part qu'il *faut* les dire, mais qu'on *peut* les dire. De quel côté doit pencher la balance? Vous qui vous récriez tant contre le חיקת הגוי, savez-vous qu'il n'y en a guère de plus flagrants que l'introduction de vos *pioutim* dans la liturgie synagogale? Ce n'est que depuis que les églises avaient retenti d'hymnes syriaques, grecques et latines, dit Zunz, poésies synagogales (*page,* 60), que s'est réveillé le zèle d'en faire autant pour la synagogue. On ne s'est même pas gêné de traduire littéralement en hébreu plusieurs de ces prières, et, comme le démontre David Luzzato dans sa בתילת בת יהודה, la prière si onctueuse de אתה מבין סרעפי לב, déjà citée par Saadia comme une des plus propres à notre amendement, n'est autre chose que צלותא בכסיא des catholiques maronites du mont Liban. M. Sachs, grand-rabbin de Berlin, a clairement exposé cet empiètement de la synagogue sur le domaine de l'église, dans ses *Poésies religieuses des juifs d'Espagne* (page 148).

Le טעם זקנים, recueilli par Eliézer Askenasi, rapporte, page XI de la préface, qu'une des litanies de nos quatre jeûnes est l'ouvrage d'un évêque, ancien juif converti à la foi catholique. Cette סליחה porte pour acrostiche le nom de baptême de l'évêque André, אנדריאנם. Il est vrai que ce prélat a détourné des juifs une persécution projetée, et que ses ex-frères ne pouvaient lui refuser cette marque de déférence. Mais, se demande l'éditeur, d'où vient que cette prière a été adoptée par la synagogue universelle, et comment l'a-t-on conservée jusqu'à ce jour dans notre liturgie depuis la mort de l'auteur au moyen-âge? Elaguer cette composition est-ce aussi *s'en prendre à la religion elle-même?*

Mais en voici bien d'un autre!

Savez-vous quel est l'auteur de l'ordre du service du jour d'expiation סדר של יום הכפורים commençant par אֶתֵּן תְּהִלָּה? Rabenou Tam vous dira que c'est Simon-ben-Kaïph, appelé St-Pierre! Et dans le מעשה ידי גאונים קדמונים, seconde partie, Berlin 1856. Vous trouverez une communication du très-pieux et très-savant David Luzzato ainsi conçue:

גם יש בידי פירוש המחזור על קלף משנת ה׳ אלפים וששים ויש בו פירוש לְאֵתָן תְּהִלָּה, וּלְאַתָּה כּוֹנַנְתָּ, ובתחלת אתן תהלה כתיבבי שמעין בן כיפה שקורין ק׳ פירו מרומי עשה השבח הזה לאחר שתקן להם אמונה ישי׳

« Je possède un rituel sur parchemin de l'an 1301 avec un « cmomentaire sur אתן תהלה et sur אתה כוננת où il est dit « que Simon fils de Kaïph, surnommé St-Pierre de Rome, est « auteur de cette louange qu'il a composée après avoir institué « le christianisme. »

J'ignore, ajoute Luzzato, sur quoi ce dire est fondé. Le grand-rabbin D. Oppenheim de Beckereck lui répond que c'est sur la relation du מעשה ישי où il est dit de St-Pierre ויעש פיוטים לרוב מאוד וישלחם בכל גבול ישראל למען יהיה לו לזכרון בכל דיר ודיר וכל הפיוטים אשר עשה שלח לרבותיו:

« Il fit des pioutim en très-grand nombre, les répandit dans « tout le ressort d'Israël pour lui servir de commémoration de « siècle en siècle, et il les adressa de même à ses maitres. »

Il est vrai que la *selicha* d'André est fort innocente, pure d'hérésie, tout comme אתה כוננת, אתן תהלה, אתה מבין, נשמת. Mais que dire de certains pioutim composés par des hommes qui n'étaient ni papes, ni évêques, et qui ne se doutaient sûrement pas des blasphèmes qu'ils nous font proférer ? Voici, entre autres, un des nombreux exemples donnés par Isaac Satanow dans son commentaire sur le Kousari. (Berlin, 1793, page 316).

Le verbe חלה signifie ordinairement *être malade* et par extension *affaiblir*. Ouvrez la *Concordance* et vous vous convaincrez qu'il n'y a pas un seul cas où ce verbe, employé à l'égard de Dieu, n'ait pour régime le mot פנים, la colère. *Affaiblir la colère de Dieu,* est une anthropopathie admise ; mais *affaiblir Dieu,* est une énormité impardonnable. Cependant nos poétanim ne se gênent pas de dire גש להלותך, באו להלותך בנפש מרה, etc. Peut-être, ajoute Satanow, avaient-ils la prétention de se montrer meilleurs hébraïsants que Moïse et les prophètes. Affaiblir Dieu ! quel blasphème ! Et vous lui demandez en grâce שלא יכשלו בלשונם *de ne pas faillir par la langue !*

De tous les poétanim franco-germanico-polonais du moyen-âge, il n'y en a pas un seul qui aille à la cheville du pied de nos quatre poètes sephardéens : Maïmonides, Jehouda Halévy, Ibn-

Esra et Léon de Modène. Eh bien ! ce sont précisément ces quatre astres du judaïsme qui protestent le plus énergiquement contre les pioutim, preuve incontestable qu'ils ne considéraient pas leurs œuvres poétiques comme prières synagogales. Chez tous les peuples, et encore plus chez les Israélites, le respect pour la volonté des grands hommes exprimée avant leur mort, est sacré. Il n'en est pas ainsi quand il s'agit des pioutim. Vous ne voulez pas que les vôtres entrent dans la liturgie? Ils y entreront malgré vous.

Nous croyons qu'on a agi de même à l'égard de la plupart des poétanim qu'on a contraints, après décès, de violer l'ordre établi par les אנשי כנסת הגדולה.

Quoi! ces hommes d'une si profonde humilité, d'un savoir si étendu, ces gheonim, ces chefs de Beth-din, ces professeurs des Raschi et des Thosaphoth, ces hommes dont les écoles ont été honorées de la visite du prophète Elie, n'auraient eu en vue, comme le dit le חובות הלבבות, que leur propre gloriole ; auraient revendiqué le rang des membres de la grande congrégation ; auraient poussé la vanité au point de reproduire à satiété les acrostiches de leurs noms pour se sauver de l'oubli ; auraient voulu écraser le *hamon-am*, sous le poids d'une liturgie ennuyeuse et fatigante ? Admettre une supposition semblable, ce serait faire injure à leur mémoire. Non, une telle prétention n'a jamais pu entrer dans leur pensée.

Que faut-il conclure de tout cela? C'est que de tout temps des hommes qui se sentaient ou croyaient se sentir de la vocation pour la poésie, ont trouvé du charme dans l'exercice de cette faculté. Si un de ces chantres des merveilles de Dieu est réellement inspiré du Ciel ; s'il s'appelle Moïse, David, Habaccuc, Jérémie, ses compositions ne sont certes pas dédaignées, mais elles deviennent un hors d'œuvre et ne doivent jamais entrer dans le corps de l'office obligatoire. Il en est autrement si le poète a vécu dans les trois derniers siècles de la décadence littéraire, époque où le laid entre-deux séparait l'antique du moderne ; s'il a joui de ce bonheur, on passe outre sur toutes les prescriptions ; on viole en faveur de ses loisirs poétiques les réglements anciens ; on interrompt les prières traditionnelles, et l'hymnologue de fraîche date obtient dans notre liturgie un rang que nos poètes sacrés n'ont jamais obtenu, que lui-même n'a peut-être jamais demandé, et qu'on l'a forcé de prendre contre son gré.

Expliquons-nous. Quand dans un âge obscur on idolâtre un homme à qui l'ignorance suppose tous les mérites, tous les talents, et même le pouvoir de faire des miracles, on se permet, pour honorer sa mémoire, de déroger quelquefois à la loi commune. Le cadavre humain, par exemple, est, d'après la loi de Moïse, une impureté au premier chef אבי אבות הטומאה, et voilà pourquoi il ne doit pas être présenté au temple que sa présence souillerait. Cette règle, puisée dans la lettre de la loi, est rigoureusement observée à l'égard de tout le monde, excepté les rabbins, en faveur desquels on transgresse la loi générale. Pour empêcher cette profanation, feu M. Aron Worms, grand-rabbin de Metz, a expressément défendu qu'on portât son corps à la synagogue, qui est un מקדש מעט, *diminutif du sanctuaire ;* et, bien entendu, ce n'est que grâce à ce codicille que la loi de Moïse a reçu son exécution. Le même rabbin a composé un nombre prodigieux de pioutim, dont plusieurs sont imprimés dans ses מאורי אור, en 7 volumes in-4° ; d'autres sont restés en manuscrits. Si cet érudit casuiste avait vécu quatre siècles plus tôt, point de doute qu'après sa mort ses *doux passe-temps* n'eussent enrichi notre rituel. Cependant rien n'eût été plus diamétralement opposé à son opinion sur les *pioutim,* ainsi qu'on peut le voir et par ses propres ouvrages, et par sa nécrologie écrite sur ses cendres encore fumantes, sous les yeux de sa famille, de ses amis, de ses disciples et d'une population témoin de ses actes, de ses pratiques, des usages de son oratoire.

Ce que nous disons de feu le grand-rabbin Worms, nous l'appliquons hardiment à tous les poëtanim de renom, fussent-ils cités par Raschi et les Tosaphoth : ils croyaient écrire pour l'instruction et l'édification des fidèles qui les comprenaient et les appréciaient, ce qui est fort innocent, et non pour usurper le rang des אכ״הג, ce qui est très-répréhensible.

Convenons cependant que la récitation des pioutim, en dehors des prières obligatoires, pouvait avoir encore son bon côté il y a cent ans, lorsque l'Israélite, repoussé du sein de la société, ne trouvait le bonheur et la consolation que dans son isolement, dans son intérieur, dans ses études exclusivement ascétiques, dans ses synagogues, dans la multiplicité et la variété de ses prières et de ses méditations. Tout le réglement de sa vie fut inscrit dans le code, et tout devint religion. Voulez-vous savoir lequel des deux souliers il faut chausser le premier ? L'ordre à suivre dans l'arrosage plutôt que dans le lavage des mains et de la figure, l'orientation à donner à votre lit, etc., etc. ? Le code vous répond à tout cela. A force d'arbres on ne voit plus la forêt, disait Mendelsohn. Tous ces milliers de prescriptions, souvent au détriment des principes, détruisaient chez le vulgaire l'idée fondamentale, mais il y trouvait son bonheur, et tout bonheur est relatif. En peut-il être de même aujourd'hui ? Ces mêmes rabbins, qui ont tant multiplié leurs prescriptions pour une société condamnée à une oisiveté forcée, en auraient-ils agi de même sous le régime de la plus large liberté, de la plus grande égalité entre citoyens d'un même état ? Pour répondre à cette question, il faudrait trouver dans l'histoire des époques semblables à la nôtre, et ces époques sont bien rares.

Mais que faire de ces longues journées de fête où tout travail manuel est interdit, et dont il est dit : חציה לה' וחציה לכם ? Faites de la prière une affaire du cœur et non une parlerie ; faites exécuter en musique religieuse, en hébreu et en langue du pays, les psaumes et autres morceaux de poésie analogues à chaque fête ; rendez le culte simple, digne, intelligible et instructif ; assistez au prône et aux conférences religieuses, et qu'où il n'y a pas de prédicateur, l'instituteur ou le plus instruit de l'assemblée vous fasse une lecture de piété et d'édification et jette ainsi la semence du bien dans vos âmes. Les livres ne manquent pas, il n'y a que la volonté qui puisse faire défaut.

Où est donc l'obstacle et pourquoi n'en sera-t-il pas ainsi ? Voici :

Au septième siècle, Erwig le Bysantin, pour couvrir son usurpation du trône de Wamba, roi des Visigoths, et se sauver de la suspicion de catholique hétérodoxe qui pesait sur lui, crut ne pouvoir donner de meilleure preuve de la sincérité de sa foi qu'en persécutant les juifs et en les forçant au baptême pour plaire à un clergé fanatique. Partout la pire espèce de zélateurs, ce sont ceux qui trafiquent de leur foi ; qui la vendent au plus offrant ; ce sont les apostats jaloux de faire oublier leur origine, leur parenté, la religion qui a présidé à leur naissance et à leur éducation. La persécution n'est plus de saison, mais on se fait toujours une réputation de sainteté chez l'ignorant en lui sacrifiant sa manière de voir et de penser, en se passionnant à froid contre la saine raison, contre ce qu'on possède de science et de conscience, et c'est ainsi qu'on échappe ou qu'on croit échapper à toute suspicion d'hétérodoxie.

L'homme le plus dangereux, dit un écrivain judicieux, est celui qui a peur ; c'est lui qui est le plus à craindre : la lâcheté rend méchant. Quand on a honte de soi-même, on voudrait rendre honteux les autres.

Isaac Arama dit en parlant de nos prières incomprises : אין הפרש בין תפלה בלי תבונה לצפצוף העיפות המצפצפים בלי שום דעת. « Point de différence entre la prière inintelligible et le « ramage des oiseaux qui gazouillent machinalement sans en « avoir conscience. »

La comparaison n'est pas exacte. On distingue parfaitement chez les oiseaux les cris d'appel, d'amour, de joie, de détresse, de colère, etc. L'animal qui ne se comprend pas, c'est l'homme qui prie dans une langue qui lui est inconnue.

Un épigrammatiste de mérite, en se moquant des partisans des לעני שפה, feint de les excuser par la défense de museler le bœuf qui foule la graine : לא תחסם שור בדישו (*Deut.* XXV, 4). Mais l'animal qui broute jouit au moins de la sensation de contenter son appétit ; quel plaisir l'homme peut-il éprouver à mâchonner des paroles vides de sens pour lui ?

Tout ouvrage, comme tout instrument, doit avoir son but déterminé : ma clef ne saurait me servir à tailler ma plume, ni mon canif à ouvrir ma porte. Pourquoi ne lisez-vous pas les ouvrages de Saadia, de Maïmonides, de Juda Lévy, de Bechaï, etc., dans l'original arabe ? Drôle de question ! me répondrez-vous, il faudrait d'abord savoir l'arabe. Eh bien ! ne faut-il donc pas savoir l'hébreu pour lire l'hébreu ? Si cet Elie le vieux, ce Simon le grand ; ces frères Calonimus, ce Gerson, lumière de la captivité, etc., pouvaient ressusciter, ne vous demanderaient-ils pas tout bonnement : « Est-ce pour vous, qui ignorez notre « langage, est-ce pour une génération qui jouit de la plénitude « de ses droits que nous avons écrit nos doléances, poussé nos « gémissements ? Ah ! d'un oubli trop ingrat vous payez les « bienfaits de votre patrie ! »

Nous avons encore les mains pleines de vérités, יד"ל, mais il faut des bornes à tout, et nous nous arrêtons. Ami d'un sage progrès, ennemi de la pieuse tromperie, nous n'avons mis la plume à la main que dans l'intérêt de la religion et de la morale, nous rappelant cette sage réponse faite à un ignorant pénitent qui, après avoir fait l'aveu des fautes les plus énormes, paraissait ne convenir qu'avec hésitation d'avoir violé les lois culinaires du carême. — Mangez un bœuf et soyez chrétien, lui répondit son pieux confesseur. Voilà, quoi qu'on en dise, un langage conforme aux sages avertissements que nous donnent tous nos prophètes.

Dans tout le cours de nos recherches, nous n'avons été que l'écho de cent opinions d'autrui ; si nous avons posé des questions pressantes, elles sont puisées à des sources pures que nous avons toujours eu le soin d'indiquer. Quel mérite peut-il y avoir de présenter des vérités répétées à satiété depuis les chantres methourgamanatiques jusqu'à nos jours ? Quelle gloire y a-t-il à démontrer que 2 et 2 valent 4 ? Quelle palme cueillir d'une tâche aussi stérile qu'ingrate ? Cependant des rabbins qui ont la conscience de leur mission et des besoins de leurs ouailles, des écrivains d'un rare mérite, des savants qui, à tous égards, peuvent se dispenser de nos leçons qui ne peuvent les intéresser ni le plus ni le moins, ont bien voulu nous accorder quelque attention, et, en nous gratifiant de leurs excellents écrits, applaudir à nos faibles efforts dans des lettres que nous ne publions pas, puisqu'ils ne les ont pas publiées eux-mêmes. Un ami plus attaché qu'un frère, le digne président de la Société philanthopique du Haut-Rhin, qui fait tant d'honneur à sa religion et à l'humanité, a cru de son devoir de nous donner une preuve de sympathie en nous vengeant de nouvelles injures dont il connaît la valeur et la bonne foi depuis sa lettre du 18 septembre 1854. M. Werth ne se dit pas théologien, il est mieux que cela : homme d'action, il se livre à des travaux régénérateurs par son inépuisable charité, par les institutions qu'il a fondées et qui sont si fécondes en heureux résultats. Voilà qui vaut mieux qu'orgue, pioutim, relevailles et toutes les réformes de pacotille dont la casuistique obscurante fait tant de bruit. Mais l'amitié a ses faiblesses. Un homme aussi judicieux, aussi éclairé que M. Werth, sachant que rien n'irrite plus que des questions embarrassantes comme celles de notre ch. XVII, aurait peut-être agi plus prudemment en haussant les épaules aux aménités par lesquelles on a cru nous répondre et qui ne méritaient pas les honneurs de la réplique. N'y voyait-il donc pas la confirmation de ce que nous avons dit en maint endroit de ces polémistes qui savent peupler l'enfer à la guise de rabbi Eliézer Flekels ; de tous les fauteurs d'un formalisme abrutissant aux dépens des vrais principes, des intérêts généraux de l'humanité ; de ces trois géants plus forts que des lions, dont la taille éclipsait la lumière du soleil, et qui ont anathématisé Wessely, auteur des דברי ש״א ? Quinze lustres pèsent sur notre tête. Notre carrière, si douloureusement éprouvée, n'a pu être entièrement inutile dans la modeste sphère de notre activité. Dussent tous les dévots de nouvelle fabrique *nous faire balayer du balai de la destruction, dans ce monde et dans le monde à venir,* nous ne reculerons pas d'une ligne de nos devoirs, tant qu'il plaira à Dieu de nous prêter vie.

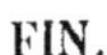

FIN.

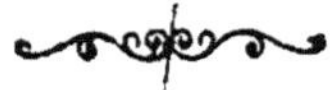

TABLE DES MATIÈRES.

Pages.

22

FIN DE LA TABLE DES MATIÈRES.

www.ingramcontent.com/pod-product-compliance
Ingram Content Group UK Ltd.
Pitfield, Milton Keynes, MK11 3LW, UK
UKHW020551180726
13838UKWH00001B/182

9 782329 454610